개정판

실제 면세점 현장에서 사용되는 실무표현을 중심으로

맞춤형
DUTY FREE

면세점 실무
중국어

이은주 · 김은주 · 이은숙 공저

免税店实务
中国语

🅑 (주)백산출판사

머리말

　『(맞춤형) 면세점 실무 중국어』는 학습자가 면세점에서 바로 구사할 수 있는 생생한 중국어 학습을 도모하기 위해 기획되었다. 현장에서 사용되는 중국어 표현을 장소와 상황으로 나누어 면세점 현장에서 판매 시 자주 사용되는 〈기본문형〉을 제시한 후, 다시 선별 작업을 거쳐 〈연습해봅시다〉에서 익힌 다음, 이를 〈상황회화〉에서 활용할 수 있도록 각 장을 구성했다. 그리고 마지막 〈새로 나온 단어〉에서는 면세점 현장에서 사용하는 단어나 어휘 표현 등을 완벽하게 익힐 수 있도록 설계했다. 또한 저자들의 현장 경력과 실무 경력에서 나오는 지식 및 교육현장에서의 경험을 바탕으로 본서에 충분히 담아내어 실제 면세점 현장에서 사용되는 실무표현을 중심으로 각 장의 내용을 리얼하게 구성했다.

　면세점 판매직원은 고객에게 만족감을 제공해야 한다. 판매직원에게는 고객이 마음에 드는 상품을 구입하고 면세점에 대한 만족감을 느낄 수 있도록 고객에게 맞는 상품을 제공하는 역할이 요구된다. 이러한 점을 감안하여 본서에서는 고객이 먼저 다가가서 물어보면 판매직원이 대답하는 소극적인 형식으로 구성되어 있는 기존 저서에서 탈피하여 서비스의 주체인 판매직원이 서비스의 대상인 고객에게 먼저 다가가서 고객의 니즈를 파악하고, 그 니즈를 신속하고 적극적으로 처리함으로써 고객이 만족할 수 있는 중국어 표현을 담아내고자 했다.

　그와 동시에 고객이 상품 또는 서비스에 만족하면 고객의 고정화와 함께 좋은 이미지를 심어줌으로써 잠재 고객들도 신규 고객으로 전환될 수 있기 때문에 자연스럽게 매출 증가로 이어진다. 그러므로 면세점에서는 고객의 재방문을 유도할 수 있는 판매직원의 역할이 무엇보다 중요하다. 따라서 본서에서는 판매직원의 친절한 서비스에 입각한 중국어 구사와 더불어 고객의 니즈에 적합한 상품을 추천함으로써 고객이 만족감을 얻어

재방문할 수 있도록 그 매뉴얼에 맞게 중국어 표현을 생생하게 담아내는 것에 초점을 맞추었다.

시대에 따라 면세점에 관련된 매뉴얼 및 상품 지식이나 트렌드 등은 계속해서 달라지고 변화하기 마련이다. 따라서 본서에서는 시류에 맞는 매뉴얼이나 중국어 표현을 리얼하게 담아내기 위해 노력했다.

특히 본서를 통해 면세점, 항공사(기내 면세판매) 등에 취업하고자 하는 학생들에게 도움이 되기를 바라며 취직한 이후에도 본서에서 제시한 매뉴얼이나 여러 가지 다양한 상품 지식들로 현장에서의 경험 부족이나 코너 이동 등으로 발생하는 새로운 상황들에 잘 대처할 수 있을 것으로 기대한다.

본서는 다음과 같은 큰 그림에서 기획되었다. 면세점에 관한 이론과 실무에 관한 내용을 담은 『(한 권으로 마스터하는) 면세점 실무』에 이어 본서에서는 상황별·장소별로 나누어 면세점 현장에서 실제로 사용되는 맞춤형 중국어회화를 생생하게 그려냈다. 그러므로 이 두 권의 저서만으로도 면세점에 관련된 내용을 쉽고 간단하게 마스터할 수 있다.

마지막으로 『(맞춤형) 면세점 실무 중국어』를 흔쾌히 발행해주신 백산출판사의 진욱상 대표님과 김호철 편집부장님, 그리고 편집자님에게도 감사의 인사를 전한다.

저자 일동

■ 책의 구성 및 활용도

1. 중국어의 발음 완벽하게 익히기

- 이 책을 학습하려면 우선 중국어의 발음을 완벽하게 습득한 후에 다음 단계로 넘어가서 학습해야만 효과적이다.
- 운모/성모/성조 등도 유의하면서 익힌다.

2. 판매 시에 필요한 용어 및 표현 익히기

- 면세점에서 전반적으로 사용되는 용어 및 기본표현을 미리 익혀두면 활용도 면에서 상당히 유용하다.

3. 고객응대에 필요한 표현 익히기

- 매출을 일으키기 위한 표현을 익히기보다는 고객이 무엇을 요구하고 원하는지, 즉 고객의 니즈를 파악해야만 한다. 더 나아가 고객만족을 위한 표현을 익히고 사용함으로써 내·외국인 고객이 재방문할 수 있는 표현을 활용할 줄 알아야만 한다.

4. 장소별·상황별 기본예문 및 회화 익히기

- 판매 시 필요한 기본적인 표현 이외에도 코너와 장소에 따른 장소별·상황별로 나누어 각각에 필요한 기본예문과 그 기본예문을 활용하여 예상 가능한 회화문을 익혀둔다. 단일하고 고정적인 고객만 존재하는 것이 아니고 예상치 못한 상황들이 얼마든지 발생할 수 있기 때문에 당황하지 말고 장소별·상황별 중국어를 미리 익혀두어 활용하는 것도 좋은 방법이다.

5. 중국인 및 중국문화 익히기

- 중국인과 중국문화에 대한 정보를 본문 안의 적당한 곳에 배치해두었다. 왜냐하면 중국사회와 중국인들의 니즈(Needs)를 파악하기 위해 필요한 중국문화도 숙지하는 것이 판매하는 데 필요한 하나의 정보가 될 수 있기 때문이다.

6. 면세점 상품지식 및 매뉴얼 익히기

- 본서에서는 현재 사용되고 있는 중국어 표현뿐만 아니라 판매하는 데 필요한 상품지식 및 면세점 매뉴얼을 〈부록〉에 게재해두었다.

7. 단어 익히기

- 면세점 현장에서 사용되는 꼭 필요한 단어, 즉 〈새로 나온 단어〉를 각 장마다 수록하여 학습자가 다음 장으로 넘어가기 전에 완벽하게 숙지할 것을 권장한다.

■ 학습구성

1주	중국어 발음	12주	매장 및 장소관련 안내
2주		13주	화장품 및 향수
3주	기본용어 및 표현	14주	가방 및 지갑
4주		15주	의류
5주	고객맞이 및 배웅하기	16주	타이 및 스카프
6주	고객의 니즈 파악하기	17주	액세서리
7주	판매관련 용어 익히기	18주	보석 및 자수정
8주	가격 및 할인관련 용어 익히기	19주	시계
9주	A/S 안내 익히기	20주	선글라스
10주	결제 및 교환권 작성 안내	21주	토산품
11주	교환 및 반품 안내	22주	담배 및 주류

차례

면세점
실무
중국어

제 1 장

중국어 발음

1.1 운모(韵母)

단운모 (单韵母)	a	o	e	i	u	ü			
복운모 (复韵母)	ai	ei	ao	ou					
비음운모 (鼻音韵母)	an	en	ang	eng	ong				
권설운모 (卷舌韵母)	er								
결합운모 (结合韵母)	ia	ie	iao	iou(iu)	ian	in	iang	ing	iong
	ua	uo	uai	uei(ui)	uan	uen(un)	uang	ueng	
	üe	üan	ün						

1) 단운모(单韵母) : 하나의 모음으로 구성된 운모

a	ā(阿)	á(呵)	ǎ	à
o	ō(噢)	ó(哦)	ǒ(喔)	ò(哦)
e	ē(婀)	é(额)	ě	è(饿)
i	yī(一)	yí(移)	yǐ(以)	yì(亿)
u	wū(乌)	wú(吾)	wǔ(五)	wù(物)
ü	yū(吁)	yú(鱼)	yǔ(雨)	yù(玉)

2) 복운모(复韵母) : 두 개의 모음으로 구성된 운모

ai	āi(哎)	ái(挨)	ǎi(矮)	ài(爱)
ei	ēi(欸)	éi(欸)	ěi(欸)	èi(诶)
ao	āo(熝)	áo(敖)	ǎo(媪)	ào(奥)
ou	ōu(欧)	óu	ǒu(耦)	òu(怄)

3) 비음운모(鼻音韵母) : 비음이 들어간 운모

an	ān(安)	án	ǎn(俺)	àn(按)
en	ēn(恩)	én	ěn	èn(摁)
ang	āng(肮)	áng(昂)	ǎng	àng(盎)
eng	ēng(鞥)	éng(唔)	ěng(嗯)	èng(嗯)
ong	tōng(通)	tóng(同)	tǒng(捅)	tòng(痛)

4) 권설운모(卷舌韵母) : 혀를 말아 올려 발음하는 운모

er	ēr	ér(儿)	ěr(尔)	èr(二)

5) 결합운모(结合韵母)

① 'i'와 결합하는 운모 : 'i'음은 'y'로 표기하고, 'i' 'in' 'ing' 앞에는 'y'를 붙이고, 'iou' 앞에 자음이 오면 'o'를 생략하고 'iu'로 표기한다.

ia	yā(呀)	yá(牙)	yǎ(雅)	yà(亚)
ie	yē(噎)	yé(爷)	yě(也)	yè(夜)
iao	yāo(妖)	yáo(瑶)	yǎo(杳)	yào(要)
iou	yōu(优)	yóu(游)	yǒu(有)	yòu(又)
(-iu)	liū(熘)	liú(留)	liǔ(柳)	liù(六)
ian	yān(烟)	yán(沿)	yǎn(眼)	yàn(宴)
in	yīn(音)	yín(银)	yǐn(饮)	yìn(印)
iang	yāng(秧)	yáng(羊)	yǎng(养)	yàng(样)
ing	yīng(英)	yíng(赢)	yǐng(影)	yìng(硬)
iong	yōng(庸)	yóng(喁)	yǒng(泳)	yòng(用)

② 'u'와 결합하는 운모 : 'u'는 'w'로 표기하고, 'uei' 'uen' 앞에 자음이 오면
'e'를 생략하고 'ui' 'un'으로 표기한다.

ua	wā(挖)	wá(娃)	wǎ(瓦)	wà(膃)
uo	wō(窝)	wó	wǒ(我)	wò(沃)
uai	wāi(歪)	wái	wǎi(歪)	wài(外)
uei	wēi(微)	wéi(维)	wěi(尾)	wèi(位)
(-ui)	tuī(推)	tuí(颓)	tuǐ(腿)	tuì(蜕)
uan	wān(弯)	wán(完)	wǎn(晚)	wàn(万)
uen	wēn(温)	wén(文)	wěn(稳)	wèn(问)
(-un)	dūn(敦)	dún	dǔn(盹)	dùn(盾)
uang	wāng(汪)	wáng(王)	wǎng(往)	wàng(望)
ueng	wēng(翁)	wéng	wěng(蓊)	wèng(瓮)

③ 'ü'와 결합하는 운모 : 'ü'는 'yu'로 표기하고, 성모 'j' 'q' 'x'가 'ü' 앞에 올
경우 'u'로 표기한다.

üe	yuē(约)	yué	yuě(哕)	yuè(月)
üan	yuān(鸳)	yuán(元)	yuǎn(远)	yuàn(院)
ün	xūn(勋)	xún(寻)	xǔn(浚)	xùn

1.2 성모(声母)

쌍순음(双唇音)	b	p	m	
순치음(唇齿音)	f			
설첨음(舌尖音)	d	t	n	l
설근음(舌根音)	g	k	h	
설면음(舌面音)	j	q	x	
설치음(舌齿音)	z	c	s	
권설음(卷舌音)	zh	ch	sh	r

1) 쌍순음(双唇音) : 윗입술과 아랫입술을 맞대었다가 떼면서 내는 소리

b 〔bo〕	bō(波)	bó(泊)	bǒ(跛)	bò(檗)
p 〔po〕	pō(坡)	pó(婆)	pǒ(笸)	pò(破)
m 〔mo〕	mō(摸)	mó(磨)	mǒ(抹)	mò(墨)

2) 순치음(唇齿音) : 아랫입술에 윗니를 맞대었다가 떼면서 내는 소리

f 〔fo〕	fō	fó(佛)	fǒ	fò

3) 설첨음(舌尖音) : 혀끝을 윗잇몸에 맞대었다가 떼면서 내는 소리

d 〔de〕	dē(嘚)	dé(德)	dě	dè(嘚)
t 〔te〕	tē	té	tě	tè(特)
n 〔ne〕	nē	né	ně	nè(讷)
l 〔le〕	lē(肋)	lé	lě	lè(乐)

4) 설근음(舌根音) : 혀뿌리와 입천장 사이 공간에서 내는 소리

g 〔ge〕	gē(哥)	gé(格)	gě(葛)	gè(个)
k 〔ke〕	kē(科)	ké(咳)	kě(可)	kè(课)
h 〔he〕	hē(喝)	hé(和)	hě	hè(贺)

5) 설면음(舌面音) : 혀 앞면을 입천장에 가까이 대고 내는 소리

j 〔ji〕	jī(极)	jí(级)	jǐ(几)	jì(纪)
q 〔qi〕	qī(七)	qí(骑)	qǐ(起)	qì(气)
x 〔xi〕	xī(西)	xí(席)	xǐ(洗)	xì(戏)

6) 설치음(舌齒音) : 혀끝을 윗니 뒤쪽에 대었다가 떼면서 내는 소리

z 〔zi〕	zī(兹)	zí	zǐ(紫)	zì(自)
c 〔ci〕	cī(刺)	cí(词)	cǐ(此)	cì(次)
s 〔si〕	sī(丝)	sí	sǐ(死)	sì(四)

7) 권설음(卷舌音) : 혀끝을 살짝 말아 올려 입천장에 대었다가 떼면서 내는 소리

zh 〔zhi〕	zhī(知)	zhí(直)	zhǐ(只)	zhì(知)
ch 〔chi〕	chī(吃)	chí(迟)	chǐ(齿)	chì(赤)
sh 〔shi〕	shī(师)	shí(十)	shǐ(史)	shì(是)
r 〔ri〕	rī	rí	rǐ	rì(日)

1.3 성조(聲調)

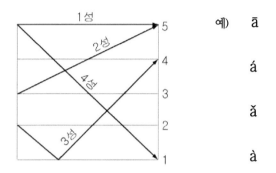

예) ā

á

ǎ

à

제1성: 5 높은 음으로 길게 유지한다.
제2성: 3에서 5 높은 음으로 단숨에 올린다.
제3성: 2에서 1로 내렸다가 다시 4 높은 음으로 올린다.
제4성: 5 높은 음에서 1 낮은 음으로 급하강한다.

■ **성조의 위치**

운모에 성조를 표기하며, 'a'〉'e' 'o'〉'i' 'u' 'ü' 순서로 표기하며, 'uei' 'uen' 'iou'의 앞에 성모가 올 때는 '-ui, -un, -iu'로 각각 표기한다. 또한 ui와 iu는 둘 중 뒤에 오는 운모 위에 표기한다.

bā   méi   dǒu   miàn   huei → huì   shuen → shùn   liou → liù

■ **경성(轻声)**

경성은 가볍고 짧게 발음하며, 제1성·제2성·제3성·제4성 뒤에 오는 경성은 발음하는 높이가 각각 다르며 표기는 생략한다.

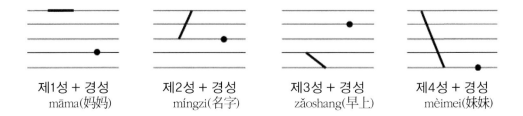

제1성 + 경성   제2성 + 경성   제3성 + 경성   제4성 + 경성
māma(妈妈)   míngzi(名字)   zǎoshang(早上)   mèimei(妹妹)

■ 성조의 변화

1) 제3성의 성조 변화

제3성 음절이 연이어 나올 경우 앞의 제3성은 제2성으로 변한다.
단, 표기할 때에는 제3성 그대로 써준다.

nǐ hǎo(你好)　　　　　hěn zǎo(很早)　　　　　wǔ bǎi(五百)

nǐ hǎo → ní hǎo　　　　wǒ hěn hǎo → wó hén hǎo

2) 반3성(半三声)

제3성 뒤에 제1성·제2성·제4성이나 경성이 오면 앞의 제3성은 '반3성'
으로 바뀐다. '반3성'은 제3성의 앞부분 내려가는 부분만 발음한다.

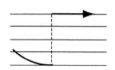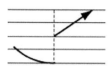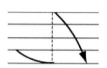

lǎoshī(老师)　　nǚrén(女人)　　gǎnxiè(感谢)　　jiějie(姐姐)
hěn gāo(很高)　　yǔyán(语言)　　hěn bàng(很棒)　　hǎo de(好的)

■ '一'와 '不'의 성조 변화

1) '一'의 성조 변화

숫자 '一'이 단독으로 쓰일 때 또는 순서를 나타낼 때에는 본래의 성조 제
1성 'yī'로 발음하고, 'yī' 뒤에 제1, 2, 3성이 올 때는 제4성으로 발음하고,
제4성이나 경성이 올 때는 모두 제2성으로 발음한다.

yì bān(一般)　　　　yì nián(一年)　　　　yì diǎn(一点)

yí kàn(一看)　　　　yí ge(一个)

2) '不'의 성조 변화

'不'가 제1, 2, 3성 앞에 놓이면 본래의 제4성 'bù'로 발음한다. 제4성 앞에 놓이면 제2성 'bú'로 발음한다.

bù chī(不吃)   bù máng(不忙)   bù hǎo(不好)   bú kàn(不看)

'一' '不'가 중첩된 단음절 단어 사이에 쓰일 때는 일반적으로 경성으로 발음한다.

xiě yi xiě(写一写)   tīng yi tīng(听一听)

xiě bu xiě(写不写)   tīng bu tīng(听不听)

■ 아화운(儿化韵)

중국어의 운모는 권설운모 'er'과 결합해서 '儿화' 운모로 만든다. 읽는 방법은 운모 뒤에 'r'을 붙인다.

1) '儿'의 앞 음절이 'a, e, o, u'로 끝날 때는 'r'을 붙인다.

huàr   gēr   cuòr   yúr

2) 앞 음절의 운모가 '-n'이나 '-ng'로 끝날 경우 음이 약해지면서 대신 'r'을 첨가하여 발음한다.

wánr   fànguǎnr   xìnr   yíyàngr

3) 앞 음절의 운모가 '모음 + i'로 끝나는 경우 'i'음은 없어지고 'r'을 첨가하여 발음한다.

wèir   yíhuìr   xiǎoháir   guǒzhīr   shìr

제2장

기본용어 및 표현

2.1 숫자 읽기

1) 기수로 읽는 방법

1	11	21	31	41	51	61
一 yī	十一 shíyī	二十一 èrshíyī	三十一 sānshíyī	四十一 sìshíyī	五十一 wǔshíyī	六十一 liùshíyī
2	**12**	**22**	**32**	**42**	**52**	**62**
二 èr	十二 shí'èr	二十二 èrshí'èr	三十二 sānshí'èr	四十二 sìshí'èr	五十二 wǔshí'èr	六十二 liùshí'èr
3	**13**	**23**	**33**	**43**	**53**	**63**
三 sān	十三 shísān	二十三 èrshísān	三十三 sānshísān	四十三 sìshísān	五十三 wǔshísān	六十三 liùshísān
4	**14**	**24**	**34**	**44**	**54**	**64**
四 sì	十四 shísì	二十四 èrshísì	三十四 sānshísì	四十四 sìshísì	五十四 wǔshísì	六十四 liùshísì
5	**15**	**25**	**35**	**45**	**55**	**65**
五 wǔ	十五 shíwǔ	二十五 èrshíwǔ	三十五 sānshíwǔ	四十五 sìshíwǔ	五十五 wǔshíwǔ	六十五 liùshíwǔ
6	**16**	**26**	**36**	**46**	**56**	**66**
六 liù	十六 shíliù	二十六 èrshíliù	三十六 sānshíliù	四十六 sìshíliù	五十六 wǔshíliù	六十六 liùshíliù
7	**17**	**27**	**37**	**47**	**57**	**67**
七 qī	十七 shíqī	二十七 èrshíqī	三十七 sānshíqī	四十七 sìshíqī	五十七 wǔshíqī	六十七 liùshíqī
8	**18**	**28**	**38**	**48**	**58**	**68**
八 bā	十八 shíbā	二十八 èrshíbā	三十八 sānshíbā	四十八 sìshíbā	五十八 wǔshíbā	六十八 liùshíbā
9	**19**	**29**	**39**	**49**	**59**	**69**
九 jiǔ	十九 shíjiǔ	二十九 èrshíjiǔ	三十九 sānshíjiǔ	四十九 sìshíjiǔ	五十九 wǔshíjiǔ	六十九 liùshíjiǔ
10	**20**	**30**	**40**	**50**	**60**	**70**
十 shí	二十 èrshí	三十 sānshí	四十 sìshí	五十 wǔshí	六十 liùshí	七十 qīshí

71	81	91	0	1,000
七十一 qīshíyī	八十一 bāshíyī	九十一 jiǔshíyī	零 líng	一千 yìqiān
72	82	92	200	2,000
七十二 qīshí'èr	八十二 bāshí'èr	九十二 jiǔshí'èr	两百 liǎngbǎi	两千 liǎngqiān
73	83	93	300	3,000
七十三 qīshísān	八十三 bāshísān	九十三 jiǔshísān	三百 sānbǎi	三千 sānqiān
74	84	94	400	4,000
七十四 qīshísì	八十四 bāshísì	九十四 jiǔshísì	四百 sìbǎi	四千 sìqiān
75	85	95	500	5,000
七十五 qīshíwǔ	八十五 bāshíwǔ	九十五 jiǔshíwǔ	五百 wǔbǎi	五千 wǔqiān
76	86	96	600	6,000
七十六 qīshíliù	八十六 bāshíliù	九十六 jiǔshíliù	六百 liùbǎi	六千 liùqiān
77	87	97	700	7,000
七十七 qīshíqī	八十七 bāshíqī	九十七 jiǔshíqī	七百 qībǎi	七千 qīqiān
78	88	98	800	8,000
七十八 qīshíbā	八十八 bāshíbā	九十八 jiǔshíbā	八百 bābǎi	八千 bāqiān
79	89	99	900	9,000
七十九 qīshíjiǔ	八十九 bāshíjiǔ	九十九 jiǔshíjiǔ	九百 jiǔbǎi	九千 jiǔqiān
80	90	100	10,000	20,000
八十 bāshí	九十 jiǔshí	一百 yìbǎi	一万 yíwàn	两万 liǎngwàn

2) 서수로 읽는 방법

첫 번째	두 번째	세 번째	네 번째	다섯 번째	여섯 번째	일곱 번째	여덟 번째	아홉 번째	열 번째
第一 dìyī	第二 dì'èr	第三 dìsān	第四 dìsì	第五 dìwǔ	第六 dìliù	第七 dìqī	第八 dìbā	第九 dìjiǔ	第十 dìshí

2.2 화폐의 단위 및 가격 읽기

미국 USD $(달러)	한국 KRW ₩(원)	일본 JPY ¥(엔)	중국 CNY ¥(위안)	유럽연합 EUR €(유로)
美元 [měiyuán]	韩币 [hánbì]	日元 [rìyuán]	人民币 [rénmínbì]	欧元 [ōuyuán]

① 달러

$55 = 五十五美金

　　(wǔshí wǔ měijīn)

② 원화

₩365,000 = 三十六万五千韩币

　　(sānshíliùwàn wǔqiān hánbì)

③ 엔화

JPY¥7,450 = 七千四百五十日元

　　(qīqiān sìbǎi wǔshí rìyuán)

④ 위안화

CNY¥320 = 三百二十元

　　(sānbǎi èrshí yuán)

⑤ 유로

€65 = 六十五欧元

　　(liùshí wǔ ōuyuán)

2.3 방향

오른쪽	왼쪽	위	아래	옆
右边 [yòubian]	左边 [zuǒbian]	上边 [shàngbian]	下边 [xiàbian]	旁边 [pángbiān]
앞	**뒤**	**안**	**밖**	**맞은편**
前边 [qiánbian]	后边 [hòubian]	里边 [lǐbian]	外边 [wàibian]	对面 [duìmiàn]

2.4 지시대명사

	사물	장소	방향
이 这[zhè]	**이것** 这个[zhège]	**여기** 这儿[zhèr]/这里[zhèlǐ]	**이쪽** 这边[zhèbiān]
그/저 那[nà]	**그것/저것** 那个[nàge]	**거기/저기** 那儿[nàr]/那里[nàlǐ]	**그쪽/저쪽** 那边[nàbiān]
어느 哪[nǎ]	**어느 것** 哪个[nǎge]	**어디** 哪儿[nǎr]/哪里[nǎlǐ]	**어느 쪽** 哪边[nǎbiān]

2.5 색깔

흰색	노란색	빨간색	파란색	오렌지색	베이지색	핑크색
白色 [báisè]	黄色 [huángsè]	红色 [hóngsè]	蓝色 [lánsè]	橙色 [chéngsè]	米黄色 [mǐhuángsè]	粉红色 [fěnhóngsè]
실버	**골드**	**회색**	**검정색**	**연지색**	**녹색**	**갈색**
银色 [yínsè]	金黄色 [jīnhuángsè]	灰色 [huīsè]	黑色 [hēisè]	胭脂色 [yānzhisè]	绿色 [lùsè]	棕色 [zōngsè]
보라색	**주황색**	**연두색**	**진홍색**	**호두색**	**벚꽃색**	**제비꽃색**
紫色 [zǐsè]	朱红色 [zhūhóngsè]	淡绿色 [dànlùsè]	深红色 [shēnhóngsè]	胡桃色 [hútáosè]	樱花色 [yīnghuāsè]	雪青色 [xuěqīngsè]
가지색	**감색**	**금색**	**은색**	**황토색**	**살색**	**무지개색**
紫色 [zǐsè]	藏蓝色 [zànglánsè]	金色 [jīnsè]	银色 [yínsè]	土黄色 [tǔhuángsè]	肉色 [ròusè]	彩虹色 [cǎihóngsè]

2.6 국가명

한국	미국	중국	일본	프랑스
韩国 [hánguó]	美国 [měiguó]	中国 [zhōngguó]	日本 [rìběn]	法国 [fǎguó]
독일	**호주**	**캐나다**	**이탈리아**	**포르투갈**
德国 [déguó]	澳大利亚 [àodàlìyà]	加拿大 [jiānádà]	意大利 [yìdàlì]	葡萄牙 [pútáoyá]
베트남	**인도네시아**	**말레이시아**	**태국**	**대만**
越南 [yuènán]	印度尼西亚 [yìndùníxīyà]	马来西亚 [mǎláixīyà]	泰国 [tàiguó]	台湾 [táiwān]
싱가포르	**인도**	**필리핀**	**영국**	**마카오**
新加坡 [xīnjiāpō]	印度 [yìndù]	菲律宾 [fēilǜbīn]	英国 [yīngguó]	澳门 [àomén]

2.7 인사말

안녕하세요.	아침인사	점심인사	저녁인사
	早上好! [zǎoshang hǎo]	中午好! [zhōngwǔ hǎo]	晚上好! [wǎnshang hǎo]
어서오세요.		**안녕히 가십시오.**	
欢迎光临。 [huānyíng guānglín]		请慢走。 [qǐng mànzǒu]	
또 오십시오.		**감사합니다.**	
欢迎下次再来。 [huānyíng xiàcì zàilái]		谢谢。 [xièxie]	
죄송합니다.		**잠시만 기다려 주십시오.**	
对不起。 [duìbuqǐ]		请稍等。 [qǐng shāoděng]	
품절입니다.		**안내해드리겠습니다.**	
断货了。 [duàn huò le]		我来给您介绍。 [wǒ lái gěi nín jièshào]	
오래 기다리셨습니다.		**이쪽으로 오세요.**	
让您久等了。 [ràng nín jiǔděng le]		这边请。 [zhèbiān qǐng]	
천천히 구경하세요.		**부디 잘 부탁드립니다.**	
请慢慢看。 [qǐng mànman kàn]		请多多关照。 [qǐng duōduo guānzhào]	

2.8 판매에 필요한 수량사

층 楼[lóu]		개 个[gè] 화장품을 셀 때		나이 岁[suì]		사람 个人[gèrén]	
1층	一楼 [yīlóu]	1개	一个 [yígè]	한 살	一岁 [yísuì]	한 명	一个人 [yígerén]
2층	二楼 [èrlóu]	2개	两个 [liǎnggè]	두 살	两岁 [liǎngsuì]	두 명	两个人 [liǎnggerén]
3층	三楼 [sānlóu]	3개	三个 [sāngè]	세 살	三岁 [sānsuì]	세 명	三个人 [sāngerén]
4층	四楼 [sìlóu]	4개	四个 [sìgè]	네 살	四岁 [sìsuì]	네 명	四个人 [sìgerén]
5층	五楼 [wǔlóu]	5개	五个 [wǔgè]	다섯 살	五岁 [wǔsuì]	다섯 명	五个人 [wǔgerén]
6층	六楼 [liùlóu]	6개	六个 [liùgè]	여섯 살	六岁 [liùsuì]	여섯 명	六个人 [liùgerén]
7층	七楼 [qīlóu]	7개	七个 [qīgè]	일곱 살	七岁 [qīsuì]	일곱 명	七个人 [qīgerén]
8층	八楼 [bālóu]	8개	八个 [bāgè]	여덟 살	八岁 [bāsuì]	여덟 명	八个人 [bāgerén]
9층	九楼 [jiǔlóu]	9개	九个 [jiǔgè]	아홉 살	九岁 [jiǔsuì]	아홉 명	九个人 [jiǔgerén]
10층	十楼 [shílóu]	10개	十个 [shígè]	열 살	十岁 [shísuì]	열 명	十个人 [shígerén]
몇 층	几楼 [jǐlóu]	몇 개	几个 [jǐgè]	몇 살	几岁 [jǐsuì] 多大 [duōdà]	몇 명	几个人 [jǐgerén]

의류 셀 때 件[jiàn]		향수/주류 셀 때 瓶[píng]		바지/치마/넥타이/ 스카프/담배 셀 때 条[tiáo]	
한 벌	一件 [yíjiàn]	한 병	一瓶 [yìpíng]	한 장	一条 [yìtiáo]
두 벌	两件 [liǎngjiàn]	두 병	两瓶 [liǎngpíng]	두 장	两条 [liǎngtiáo]
세 벌	三件 [sānjiàn]	세 병	三瓶 [sānpíng]	세 장	三条 [sāntiáo]
네 벌	四件 [sìjiàn]	네 병	四瓶 [sìpíng]	네 장	四条 [sìtiáo]

다섯 벌	五件 [wǔjiàn]	다섯 병	五瓶 [wǔpíng]	다섯 장	五条 [wǔtiáo]
여섯 벌	六件 [liùjiàn]	여섯 병	六瓶 [liùpíng]	여섯 장	六条 [liùtiáo]
일곱 벌	七件 [qījiàn]	일곱 병	七瓶 [qīpíng]	일곱 장	七条 [qītiáo]
여덟 벌	八件 [bājiàn]	여덟 병	八瓶 [bāpíng]	여덟 장	八条 [bātiáo]
아홉 벌	九件 [jiǔjiàn]	아홉 병	九瓶 [jiǔpíng]	아홉 장	九条 [jiǔtiáo]
열 벌	十件 [shíjiàn]	열 병	十瓶 [shípíng]	열 장	十条 [shítiáo]
몇 벌	几件 [jǐjiàn]	몇 병	几瓶 [jǐpíng]	몇 장	几条 [jǐtiáo]

신발, 양말 등 짝을 이루는 물건을 셀 때 双 [shuāng]	
한 켤레	一双 [yìshuāng]
두 켤레	两双 [liǎngshuāng]
세 켤레	三双 [sānshuāng]
네 켤레	四双 [sìshuāng]
다섯 켤레	五双 [wǔshuāng]
여섯 켤레	六双 [liùshuāng]
일곱 켤레	七双 [qīshuāng]
여덟 켤레	八双 [bāshuāng]
아홉 켤레	九双 [jiǔshuāng]
열 켤레	十双 [shíshuāng]
몇 켤레	几双 [jǐshuāng]

2.9 탄생석

월	탄생석명	사진	상징	의미
1월	가넷 石榴石 [shíliushí]		진실 우정	가넷은 진실한 우정과 충성, 불변, 진리 등을 상징하는 보석으로 연대감을 갖기 위한 사람들이 같은 모양의 반지를 낄 때 주로 사용된다.
2월	자수정 紫水晶 [zǐshuǐjīng]		성실 평화	성실, 평화를 상징하는 자수정의 청색은 하늘을 뜻하고 붉은색은 사람의 피를 상징해 자수정은 '하늘과 인간을 이어주는 보석'으로 상징되기도 한다.
3월	아쿠아마린 海蓝宝 [hǎilánbǎo]		젊음 행복	아쿠아마린은 예부터 영원한 젊음과 행복을 상징하는 돌로, 희망과 건강을 갖게 하는 돌이라고 사람들에게 널리 알려져 있다.
4월	다이아몬드 鈷石 [zuànshí]		불멸 사랑	르네상스 시대까지 다이아몬드는 그 어떤 불, 도구로도 깰 수가 없었기 때문에 다이아몬드는 불멸의 상징으로 여겨진다.
5월	에메랄드 翡翠 [fěicuì]		행복 행운	에메랄드는 불로불멸의 정신을 정화하는 힘이 있으며 행복과 행운을 가져다주는 정조와 순결을 지키는 보석으로 여겨진다.
6월	진주 珍珠 [zhēnzhū]		순결 부귀	청순, 순결, 매력을 상징하기도 하는 진주는 화이트, 블랙, 실버, 크림, 골드, 핑크, 옐로, 그레이 등 색이 다양하며 그중 최고의 권위를 상징하는 것은 흑진주이다.
7월	루비 红宝石 [hóngbǎoshí]		사랑 평화	고대 사람들은 타는 듯한 루비를 보고 불사조가 보석으로 태어난 것으로 여겼으며, 로마 사람들은 루비를 '타는 석탄'이라 부르기도 했다. 이처럼 루비는 사랑과 평화를 상징하는 것 외에 성스러운 보석으로도 여겨진다.
8월	페리도트 橄榄石 [gǎnlǎnshí]		부부의 행복	페리도트는 부부의 행복, 친구와의 화합을 상징하며 태양이 인간에게 보내준 돌이라 하여 부적처럼 몸에 지니면 근심과 걱정에서 벗어날 수 있다고 한다.
9월	사파이어 蓝宝石 [lánbǎoshí]		성실 진실	예로부터 사파이어는 루비와 함께 치료의 힘을 가진 돌로 여겨졌으며 불길한 것으로부터 인간의 건강과 생명을 보호해주며 평화를 준다고 여겨져 왔다.
10월	오팔 蛋白石 [dànbáishí]		희망 순결	고대 로마인은 오팔을 '큐피트 비데로스(사랑스러운 아이)'라 불렀으며 희망과 청순, 신과 사람의 사랑을 상징한다.
11월	토파즈 黄玉 [huángyù]		건강 희망	토파즈는 고대로부터 아름다움과 건강을 지켜주는 보석으로 존중되어 왔으며 희망, 부활을 상징하는 보석으로도 여겨져 왔다.
12월	터키석 绿松石 [lǜsōngshí]		성공 승리	'행운의 보석'·'신으로부터 받은 신성한 보석'이라 불리는 터키석은 성공과 승리를 약속하는 의미가 있다.

자료출처: http://www.sisunnews.co.kr/news/articleView.html?idxno=40319

2.10 날짜 및 요일, 시간

1) 월(月)

1월	2월	3월	4월	5월	6월
一月 [yīyuè]	二月 [èryuè]	三月 [sānyuè]	四月 [sìyuè]	五月 [wǔyuè]	六月 [liùyuè]
7월	**8월**	**9월**	**10월**	**11월**	**12월**
七月 [qīyuè]	八月 [bāyuè]	九月 [jiǔyuè]	十月 [shíyuè]	十一月 [shíyīyuè]	十二月 [shí'èryuè]

2) 일(日)

	1일	2일	3일	4일	5일	6일
	一日 [yīrì]	二日 [èrrì]	三日 [sānrì]	四日 [sìrì]	五日 [wǔrì]	六日 [liùrì]
7일	**8일**	**9일**	**10일**	**11일**	**12일**	**13일**
七日 [qīrì]	八日 [bārì]	九日 [jiǔrì]	十日 [shírì]	十一日 [shíyīrì]	十二日 [shí'èrrì]	十三日 [shísānrì]
14일	**15일**	**16일**	**17일**	**18일**	**19일**	**20일**
十四日 [shísìrì]	十五日 [shíwǔrì]	十六日 [shíliùrì]	十七日 [shíqīrì]	十八日 [shíbārì]	十九日 [shíjiǔrì]	二十日 [èrshírì]
21일	**22일**	**23일**	**24일**	**25일**	**26일**	**27일**
二十一日 [èrshíyīrì]	二十二日 [èrshí'èrrì]	二十三日 [èrshísānrì]	二十四日 [èrshísìrì]	二十五日 [èrshíwǔrì]	二十六日 [èrshíliùrì]	二十七日 [èrshíqīrì]
28일	**29일**	**30일**	**31일**			
二十八日 [èrshíbārì]	二十九日 [èrshíjiǔrì]	三十日 [sānshírì]	三十一日 [sānshíyīrì]			

3) 요일(星期)

일요일	월요일	화요일	수요일	목요일	금요일	토요일
星期日 [xīngqīrì]	星期一 [xīngqīyī]	星期二 [xīngqī'èr]	星期三 [xīngqīsān]	星期四 [xīngqīsì]	星期五 [xīngqīwǔ]	星期六 [xīngqīliù]

4) 시간 (时间)

시(点)		분(分)	
1시	一点[yīdiǎn]	1분	一分[yìfēn]
2시	两点[liǎngdiǎn]	2분	二分[èrfēn]
3시	三点[sāndiǎn]	3분	三分[sānfēn]
4시	四点[sìdiǎn]	4분	四分[sìfēn]
5시	五点[wǔdiǎn]	5분	五分[wǔfēn]
6시	六点[liùdiǎn]	6분	六分[liùfēn]
7시	七点[qīdiǎn]	7분	七分[qīfēn]
8시	八点[bādiǎn]	8분	八分[bāfēn]
9시	九点[jiǔdiǎn]	9분	九分[jiǔfēn]
10시	十点[shídiǎn]	10분	十分[shífēn]
11시	十一点[shíyīdiǎn]	15분	十五分[shíwǔfēn]
12시	十二点[shí'èrdiǎn]	30분	三十分/半[sānshífēn/bàn]
몇 시	几点[jǐdiǎn]	45분	四十五分[sìshíwǔfēn]
오전	上午[shàngwǔ]	60분	六十分[liùshífēn]
오후	下午[xiàwǔ]	몇 분	几分[jǐfēn]

*10분 미만일 경우 앞에 영(零[líng])을 붙여서 읽음. 예 6시3분은 六点零三分[liùdiǎn líng sānfēn]

2.11 때를 나타내는 표현

그저께	어제	오늘	내일	모레
前天 [qiántiān]	昨天 [zuótiān]	今天 [jīntiān]	明天 [míngtiān]	后天 [hòutiān]
지지난 주	**지난 주**	**이번 주**	**다음 주**	**다다음 주**
大上周 [dàshàngzhōu]	上周 [shàngzhōu]	本周 [běnzhōu]	下周 [xiàzhōu]	大下周 [dàxiàzhōu]
지지난 달	**지난 달**	**이번 달**	**다음 달**	**다다음 달**
大上个月 [dàshànggèyuè]	上个月 [shànggèyuè]	本月 [běnyuè]	下个月 [xiàgèyuè]	大下个月 [dàxiàgèyuè]
재작년	**작년**	**올해**	**내년**	**후년**
前年 [qiánnián]	去年 [qùnián]	今年 [jīnnián]	明年 [míngnián]	后年 [hòunián]

제3장

상황별 고객응대

3.1 고객맞이 및 배웅하기

 기본문형

안녕하세요!(아침/점심/저녁인사)

你好! (早上好/中午好/晚上好)

Nǐ hǎo! (zǎoshang hǎo/zhōngwǔ hǎo/wǎnshang hǎo)

어서 오세요.

欢迎光临。

Huānyíng guānglín.

○○○면세점입니다.

这里是○○○免税店。

Zhèli shì ooo miǎnshuìdiàn.

영업시간은 오전 9시 반부터 저녁 9시까지입니다.

营业时间是从上午9点半到晚上九点。

Yíngyè shíjiān shì cóng shàngwǔ jiǔdiǎnbàn dào wǎnshang jiǔdiǎn.

면세점은 연중무휴입니다.

免税店全年无休。

Miǎnshuìdiàn quánnián wúxiū.

천천히 구경하세요.

请慢慢看。

Qǐng mànman kàn.

필요하시면 언제든지 불러주세요.

有任何需要，可以随时叫我。

Yǒu rènhé xūyào, kěyǐ suíshí jiào wǒ.

죄송합니다만, 오늘 영업은 끝났습니다.

对不起。今天的营业时间已经结束了。

Duìbuqǐ. jīntiān de yíngyè shíjiān yǐjīng jiéshù le.

또 들러주십시오.

欢迎下次再次光临。

Huānyíng xiàcì zàicì guānglín.

대단히 감사합니다.

非常感谢。

Fēicháng gǎnxiè.

연습해봅시다

1. 안녕하세요!(아침/점심/저녁인사)

_____

2. 어서 오세요.

_____

3. ○○○면세점입니다.

_____

4. 영업시간은 오전 9시 반부터 오후 9시까지입니다.

_____

5. 면세점은 연중무휴입니다.

_____

6. 천천히 구경하세요.

_____

7. 필요하시면 언제든지 불러주세요.

_____

8. 죄송합니다만, 오늘 영업은 끝났습니다.

_____

职员 : 您好, 欢迎光临! 这里是○○○免税店。
Nín hǎo, huānyíng guānglín! zhèli shì ooo miǎnshuìdiàn.

顾客 : 您好, 请问, 营业时间是几点到几点?
Nín hǎo, qǐngwèn, yíngyè shíjiān shì jǐdiǎn dào jǐdiǎn?

职员 : 从上午九点半到晚上九点。
Cóng shàngwǔ jiǔdiǎn bàn dào wǎnshang jiǔdiǎn.

顾客 : 哦, 是嘛。那周末也营业吗?
Ò, shì ma. nà zhōumò yě yíngyè ma?

职员 : 当然。免税店全年无休。
Dāngrán. miǎnshuìdiàn quánnián wúxiū.

顾客 : 知道了。非常感谢。
Zhīdàole. fēicháng gǎnxiè.

职员 : 客人, 实在抱歉, 今天的营业时间已经结束了。
Kèrén, shízài bàoqiàn, jīntiān de yíngyè shíjiān yǐjīng jiéshù le.

직원 : 안녕하십니까? 어서 오십시오. 여기는 ○○○면세점입니다.
고객 : 안녕하세요. 죄송한데요, 영업시간은 몇 시부터 몇 시까지인가요?
직원 : 오전 9시 반부터 오후 9시까지입니다.
고객 : 네, 그렇군요. 그럼 주말에도 영업을 합니까?
직원 : 네, 물론입니다. 면세점은 연중무휴입니다.
고객 : 네, 알겠습니다. 감사합니다.
직원 : 고객님, 죄송합니다만, 오늘 영업은 끝났습니다.

顾客 : 哦, 是吗?知道了。
Ò, shìma? zhīdào le.

职员 : 欢迎您下次再次光临。非常感谢。
Huānyíng nín xiàcì zàicì guānglín. fēicháng gǎnxiè.

顾客 : 好的, 谢谢!
Hǎode, xièxie!

해석

고객 : 아~, 그래요? 알겠습니다.

직원 : 또 들러주십시오. 대단히 감사합니다.

고객 : 네 고마워요.

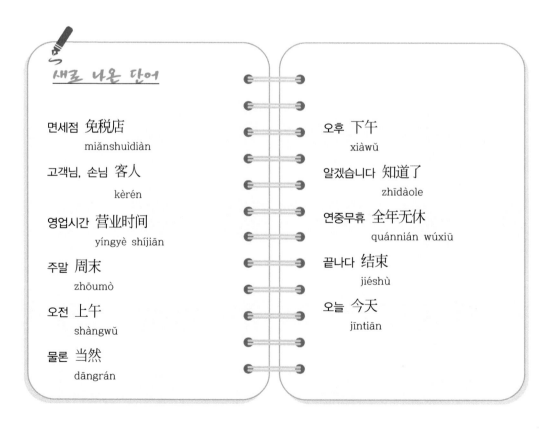

새로 나온 단어

면세점 免税店
miǎnshuìdiàn

고객님, 손님 客人
kèrén

영업시간 营业时间
yíngyè shíjiān

주말 周末
zhōumò

오전 上午
shàngwǔ

물론 当然
dāngrán

오후 下午
xiàwǔ

알겠습니다 知道了
zhīdàole

연중무휴 全年无休
quánnián wúxiū

끝나다 结束
jiéshù

오늘 今天
jīntiān

3.2 고객의 니즈 파악하기

 기본문형

○○○코너입니다.

这里是○○○专柜。
Zhèlǐ shì ○○○ zhuānguì.

고객님, 무엇을 찾으십니까?

客人，您需要什么？
Kèrén, nín xūyào shénme?

본인 건가요? 아니면 선물인가요?

是您自己用？还是要送人？
Shì nín zìjǐ yòng? háishì yào sòngrén?

여자분입니까? 아니면 남자분입니까?

是女士还是男士？
Shì nǚshì háishì nánshì?

잠시 기다려주십시오, 바로 도와드리겠습니다.

请稍等，马上为您服务。
Qǐng shāoděng, wèi nín fúwù.

고객님, 오래 기다리셨습니다.

客人，让您久等了。

Kèrén, ràng nín jiǔděng le.

실례지만, 선물 받으실 분의 연령은 어떻게 되십니까?

不好意思，可以问一下您要送礼的对方年龄吗?

Bùhǎoyìsi, kěyǐ wèn yíxià nín yào sònglǐ de duìfāng niánlíng ma?

실례지만, 선물 받으실 분의 성별은 어떻게 되십니까?

不好意思，可以问一下您要送礼的对方性别吗?

Bùhǎoyìsi, kěyǐ wèn yíxià nín yào sònglǐ de duìfāng xìngbié ma?

실례지만, 선물 받으실 분의 직업은 어떻게 되십니까?

不好意思，可以问一下您要送礼的对方职业吗?

Bùhǎoyìsi, kěyǐ wèn yíxià nín yào sònglǐ de duìfāng zhíyè ma?

연습해봅시다

1. ○○○코너입니다.

   _____

2. 고객님, 무엇을 찾으십니까?

   _____

3. 본인 건가요? 아니면 선물인가요?

   _____

4. 여자분입니까? 아니면 남자분입니까?

   _____

5. 잠시 기다려주십시오, 바로 도와드리겠습니다.

   _____

6. 고객님, 오래 기다리셨습니다.

   _____

7. 실례지만, 선물 받으실 분의 연령은 어떻게 되십니까?

   _____

8. 실례지만, 선물 받으실 분의 성별은 어떻게 되십니까?

   _____

 상황회화

职员 : 您好, 欢迎光临。这里是○○○专柜。
Nín hǎo, huānyíng guānglín. zhèlǐ shì ooo zhuānguì.

顾客 : 您好。
Nín hǎo.

职员 : 客人, 您需要什么?
Kèrén, nín xūyào shénme?

顾客 : 我想买点儿东西。
Wǒ xiǎng mǎi diǎnr dōngxi.

职员 : 是您自己用? 还是要送人?
Shì nín zìjǐ yòng? háishi yào sòngrén?

顾客 : 送人, 有可以推荐的吗?
Sòngrén, yǒu kěyǐ tuījiàn de ma?

해석

직원 : 안녕하세요. 어서 오십시오. ○○○코너입니다.
고객 : 안녕하세요.
직원 : 고객님, 무엇을 찾으십니까?
고객 : 예, 뭘 좀 사려고 하는데요.
직원 : 본인 건가요? 아니면 선물인가요?
고객 : 선물인데요, 뭔가 좋은 게 있을까요?

职员 : 问一下对方是女士还是男士?
Wènyíxià duìfāng shì nǚshì háishi nánshì?

顾客 : 是我的母亲。
Shì wǒde mǔqīn。

职员 : 不好意思, 那可以问一下年龄吗?
Bùhǎoyìsi, nà kěyǐ wèn yíxià niánlíng ma?

顾客 : 70岁左右。
Qīshí suì zuǒyòu。

职员 : 知道了。您看, 这个商品怎么样? 作为随手礼卖得很好。
Zhīdàole. nín kàn, zhège shāngpǐn zěnmeyàng? zuòwéi suíshǒulǐ màide hěnhǎo。

顾客 : 是吗? 那就要这个吧。
Shì ma? nà jiù yào zhège ba。

해석

직원 : 예, 그럼 여자분이신가요? 아니면 남자분이신가요?
고객 : 저의 어머니인데요.
직원 : 실례지만 연령을 여쭤봐도 괜찮겠습니까?
고객 : 나이는 70대예요.
직원 : 예, 알겠습니다. 그럼 이 상품은 어떠십니까? 간단한 선물로 잘 팔립니다.
고객 : 그래요? 그럼 그것으로 하겠습니다.

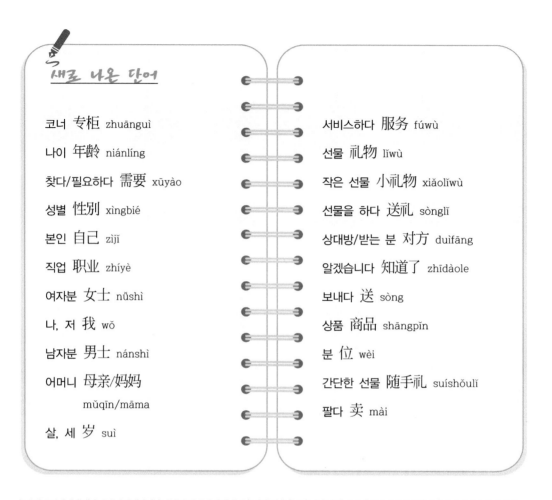

새로 나온 단어

코너 专柜 zhuānguì

나이 年龄 niánlíng

찾다/필요하다 需要 xūyào

성별 性別 xìngbié

본인 自己 zìjǐ

직업 职业 zhíyè

여자분 女士 nǚshì

나, 저 我 wǒ

남자분 男士 nánshì

어머니 母亲/妈妈 mǔqīn/māma

살, 세 岁 suì

서비스하다 服务 fúwù

선물 礼物 lǐwù

작은 선물 小礼物 xiǎolǐwù

선물을 하다 送礼 sònglǐ

상대방/받는 분 对方 duìfāng

알겠습니다 知道了 zhīdàole

보내다 送 sòng

상품 商品 shāngpǐn

분 位 wèi

간단한 선물 随手礼 suíshǒulǐ

팔다 卖 mài

〈중국문화 엿보기〉

중국문화탐방

- 국가명: 중화인민공화국
- 국기: 오성홍기
- 인구: 약 14억(세계 1위)
- 통화: 위안(Y)
- 민족구성: 한족(약 95%)과 55개의 소수민족
- 면적: 세계 4위, 한국의 약 95배
- 시차: 한국보다 1시간 정도 늦다.

- 건국일: 1949년 10월 1일
- 수도: 베이징(北京)
- 공용어: 중국어(한어)
- 국가 번호: +86

3.3 판매관련 용어

 기본문형

이것은 어떠신가요?

您看这个怎么样?

Nín kàn zhège zěnmeyàng?

착용해보시겠습니까?

要不要试一下?

Yàobuyào shì yíxià?

거울은 이쪽에 있습니다.

镜子在这边。

Jìngzi zài zhèbiān.

사이즈는 얼마입니까?

您要多大号儿的?

Nín yào duōdà hàor de?

사이즈는 어떻습니까?

大小怎么样?

Dàxiǎo zěnmeyàng?

사이즈는 큽니까?/사이즈는 작습니까?

您觉得大吗?/您觉得小吗?

Nín juéde dà ma?/Nín juéde xiǎo ma?

사이즈 조절은 가능합니다./사이즈 조절은 불가능합니다.

大小可以调整。/大小不可以调整。

Dàxiǎo kěyǐ tiáozhěng./Dàxiǎo bù kěyǐ tiáozhěng.

죄송합니다만, 원하시는 사이즈는 없습니다.

对不起, 没有您要的号码。

Duìbuqǐ, méiyǒu nín yào de hàomǎ.

이쪽으로 오세요. 더 많은 상품을 보여드리겠습니다.

这边请, 我来给您介绍更多的产品。

Zhèbiān qǐng, wǒ lái gěi nín jièshao gèng duō de chǎnpǐn.

원하시는 가격대는 어떻게 되십니까?

打算买什么价位的?

Dǎsuàn mǎi shénme jiàwèi de?

이 상품은 젊은 분들에게 가장 인기가 있습니다.

这个商品最受年轻顾客的喜欢。

Zhège shāngpǐn zuì shòu niánqīng gùkè de xǐhuān.

이 상품은 부모님(애인, 친구, 상사, 동료, 거래처, 단체) 선물로 매우 좋습니다.

这个商品很适合作为礼品送给父母。(恋人, 朋友, 上司, 同事)

Zhège shāngpǐn hěn shìhé zuò wéi lǐ pǐn sòng gěi fùmǔ. (liànrén, péngyou, shàngsi, tóngshì)

이 상품은 스위스(이탈리아, 프랑스, 미국, 독일, 일본, 영국, 중국, 호주)제입니다.

这个商品是瑞士制造。(意大利, 法国, 美国, 德国, 日本, 英国, 中国, 澳大利亚)

Zhège shāngpǐn shì Ruìshì zhìzào. (Yìdàlì, Fǎguó, Měiguó, Déguó, Rìběn, Yīngguó, Zhōngguó, Àodàlìyà)

죄송합니다만, 방금 품절된 상품입니다.

不好意思，这个商品刚刚断货。

Bùhǎoyìsi, zhège shāngpǐn gānggāng duànhuò.

공교롭게도 찾으시는 물건은 품절입니다.

真不巧，您找的商品断货了。

Zhēnbùqiǎo, nín zhǎo de shāngpǐn duànhuò le.

이런 디자인은 어떠십니까?

这种款式怎么样?

Zhèzhǒng kuǎnshì zěnmeyàng?

이것은 지금 유행하는 상품입니다.

这个是现在流行的商品。

Zhège shì xiànzài liúxíng de shāngpǐn.

현재 가장 인기 있는 상품입니다.

现在最畅销的商品。

Xiànzài zuì chàngxiāo de shāngpǐn.

이 상품은 한정상품/이월상품입니다

这是限量版。/这是过季商品。

Zhèshì xiànliàng bǎn./Zhèshì guòjì shāngpǐn.

이 상품은 남녀공용입니다.

这个商品男女通用。

Zhège shāngpǐn nán nǚ tōngyòng.

이것은 올해 SS/AW상품입니다.

这是今年的春夏款/秋冬款。

Zhèshì jīnnián de chūnxià kuǎn./qiūdōng kuǎn.

이 상품은 한국 기념품으로 인기가 있습니다.

这是人气韩国纪念品。

Zhèshì rénqì hánguó jìniànpǐn.

이것은 이 브랜드에서 가장 잘 팔리는 상품입니다.

这是该品牌中最畅销的商品。

Zhèshì gāi pǐnpái zhōng zuì chàngxiāo de shāngpǐn.

이 상품은 재고가 하나밖에 없습니다.

这个商品库存只剩一个了。

Zhège shāngpǐn kùcún zhǐ shèng yí gè le.

이 상품은 고객님에게 잘 어울리십니다.

这一款很适合您。

Zhè yì kuǎn hěn shìhé nín.

이 품목은 신상품이기 때문에 세일 제외 상품입니다.

这个是新款, 所以不参加打折活动。

Zhège shì xīnkuǎn, suǒyǐ bù cānjiā dǎzhé huódòng.

저 상품보다 이 상품이 더 저렴합니다.

这个商品比那个商品更便宜。

Zhège shāngpǐn bǐ nàge shāngpǐn gèng piányi.

면세점 가격이 로컬 가격보다 반 정도 쌉니다.

免税店价格比国内正常价约便宜一半。

Miǎnshuìdiàn jiàgé bǐ guónèi zhèngcháng jià yuē piányi yíbàn.

백화점보다 약 30% 정도 저렴합니다.

比百货商店约便宜30%。

Bǐ bǎihuòshāngdiàn yuē piányi bǎifēnzhī sānshí.

그것과 같은 것으로 색이 다른 것도 있는데요.

那个还有同款不同色的。

Nàge hái yǒu tóngkuǎn bù tóng sè de.

이 상품을 사시면 사은품을 드립니다.

购买该商品，有礼品赠送。

Gòumǎi gāi shāngpǐn, yǒu lǐpǐn zèngsòng.

이것으로 하시겠습니까?

决定要这个吗?

Juédìng yào zhège ma?

그 밖에 필요하신 것은 없으십니까?

还有其他需要的吗?

Hái yǒu qítā xūyào de ma?

새 상품은 창고에 있습니다. 창고에서 가지고 오겠습니다.

新商品在仓库里，我去仓库取一下。

Xīn shāngpǐn zài cāngkù lǐ, wǒ qù cāngkù qǔ yíxià.

우선 이걸로 괜찮으세요?

先要这些吗?

Xiān yào zhèxiē ma?

다 같이 계산하셔도 됩니다.

全部一起结账也可以。

Quánbù yìqǐ jiézhàng yě kěyǐ.

연습해봅시다

1. 이것은 어떠신가요?

   _____

2. 착용해보시겠습니까?

   _____

3. 사이즈는 얼마입니까?

   _____

4. 사이즈 조절은 가능합니다.

   _____

5. 이쪽으로 오세요. 더 많은 상품을 보여드리겠습니다.

   _____

6. 공교롭게도 찾으시는 물건은 품절입니다.

   _____

7. 이 상품은 남녀공용입니다.

   _____

8. 이 상품은 고객님에게 잘 어울리십니다.

   _____

职员 : 本店正在进行打折促销活动。
Běn diàn zhèngzài jìnxíng dǎzhé cùxiāo huódòng.

过季商品全部打五折。
Guòjì shāngpǐn quánbù dǎ wǔ zhé.

顾客 : 为什么这么便宜?
Wèishénme zhème piányi?

职员 : 因为做清仓处理。
Yīnwèi zuò qīngcāng chǔlǐ.

顾客 : 哦, 是嘛?能不能再便宜一点儿?
Ò, shì ma? néngbùnéng zài piányi yìdiǎnr?

职员 : 对不起, 这已经是最大的打折率了。
Duìbuqǐ, zhè yǐjīng shì zuìdà de dǎzhélǜ le.

顾客 : 打折商品只有皮鞋类吗?
Dǎzhé shāngpǐn zhǐyǒu píxié lèi ma?

해석

직원 : 저희 면세점은 현재 세일 중입니다. 이월상품을 반값에 판매하고 있습니다.
고객 : 왜 이렇게 싼가요?
직원 : 재고정리를 하고 있습니다.
고객 : 아~, 그렇습니까? 좀 더 싸게는 안 되나요?
직원 : 죄송합니다만, 이것이 최대 할인입니다.
고객 : 그런데 종류는 구두밖에 없나요?

职员 : 不是, 那边还有打特价的围巾和领带。
　　　Búshì, nàbiān hái yǒu dǎ tèjià de wéijīn hé lǐngdài.

　　　价格也便宜, 很适合送随手礼, 而且质量也是最好的。
　　　Jiàgé yě piányi, hěn shìhé sòng suíshǒulǐ, érqiě zhìliàng yě shì zuìhǎo de.

顾客 : 是嘛, 送礼应该不错。
　　　Shì ma, sònglǐ yīnggāi búcuò.

职员 : 您去其他免税店, 这个价钱, 绝对买不到。
　　　Nín qù qítā miǎnshuìdiàn, zhège jiàqián, juéduì mǎi búdào.

顾客 : 那, 请给我一条这个领带和两条那个围巾。
　　　Nà, qǐng gěi wǒ yì tiáo zhège lǐngdài hé liǎng tiáo nàge wéijīn.

　　　东西可以现在带走吗?
　　　Dōngxi kěyǐ xiànzài dài zǒu ma?

职员 : 对不起, 免税品不可以现在带走。
　　　Duìbuqǐ, miǎnshuì pǐn bù kěyǐ xiànzài dài zǒu.

　　　出境时, 您要在机场提货处领取。
　　　Chūjìng shí, nín yào zài jīchǎng tíhuòchù lǐngqǔ.

顾客 : 是嘛, 知道了。那商品可以给包装吗?
　　　Shì ma, zhīdàole. nà shāngpǐn kěyǐ gěi bāozhuāng ma?

해석

직원 : 아니요, 저쪽에 스카프와 넥타이도 특가품으로 팔고 있습니다. 가격도 저렴해서
　　　간단한 선물로도 좋다고 생각합니다. 또한 이 상품은 최고의 품질입니다.
고객 : 네, 그렇군요. 선물로 좋겠네요.
직원 : 다른 면세점에서는 절대로 이 가격으로 사실 수 없습니다.
고객 : 그럼 이 넥타이 한 개와 저 스카프 두 장 주세요. 물건은 지금 받을 수 있나요?
직원 : 죄송합니다만, 면세품은 지금 받으실 수 없습니다.
　　　출국하실 때 공항 인도장에서 받으실 수 있습니다.
고객 : 그렇군요. 알겠습니다. 그럼 선물 포장은 되나요?

职员 : 因为要过海关检查, 免税品不可以包装。
Yīnwèi yào guò hǎiguān jiǎnchá, miǎnshuì pǐn bùkěyǐ bāozhuāng.

这是关税规定。
Zhè shì guānshuì guīdìng.

顾客 : 知道了。
Zhīdàole.

해석

직원 : 면세품은 세관검사 때문에 선물 포장이 불가능합니다. 그것은 세관규정입니다.
고객 : 네, 잘 알겠습니다.

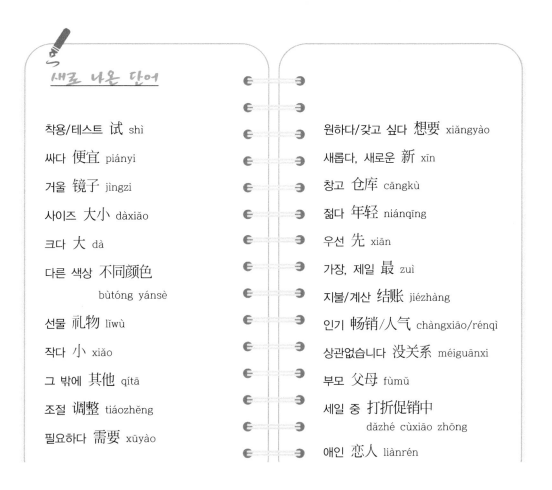

새로 나온 단어

착용/테스트 试 shì	원하다/갖고 싶다 想要 xiǎngyào
싸다 便宜 piányi	새롭다, 새로운 新 xīn
거울 镜子 jìngzi	창고 仓库 cāngkù
사이즈 大小 dàxiǎo	젊다 年轻 niánqīng
크다 大 dà	우선 先 xiān
다른 색상 不同颜色 bùtóng yánsè	가장, 제일 最 zuì
선물 礼物 lǐwù	지불/계산 结账 jiézhàng
작다 小 xiǎo	인기 畅销/人气 chàngxiāo/rénqì
그 밖에 其他 qítā	상관없습니다 没关系 méiguānxi
조절 调整 tiáozhěng	부모 父母 fùmǔ
필요하다 需要 xūyào	세일 중 打折促销中 dǎzhé cùxiāo zhōng
	애인 恋人 liànrén

한국어	중국어	병음		한국어	중국어	병음
반값, 반액	半价/五折	bànjià/wǔzhé		남녀공용	男女通用	nán nǚ tōngyòng
친구	朋友	péngyou		최고	最高	zuìgāo
판매	销售	xiāoshòu		기념품	纪念品	jìniànpǐn
상사	上司	shàngsi		품질	品质	pǐnzhì
재고정리	清仓处理	qīngcāng chǔlǐ		브랜드	品牌	pǐnpái
동료	同事	tóngshì		절대로	绝对	juéduì
행하다, 실시하다	进行	jìn xíng		재고	库存	kùcún
거래처	客户	kèhù		사다	买	mǎi
최대	最大	zuìdà		한 점, 하나	一个	yígè
단체	团队	tuánduì		물건	东西	dōngxi
할인	打折	dǎzhé		어울리다, 잘 맞다	适合	shìhé
품절	断货	duànhuò		받다	领取	lǐngqǔ
종류	种类	zhǒnglèi		품목	类	lèi
디자인	样式/款式	yàngshì/kuǎnshì		면세품	免税品	miǎnshuìpǐn
구두	皮鞋	píxié		신상품	新商品 新款	xīn shāngpǐn xīnkuǎn
유행	流行	liúxíng				
스카프	围巾	wéijīn		출국	出境	chūjìng
현재	现在	xiànzài		공항	机场	jīchǎng
넥타이	领带	lǐngdài		실용적이다	实惠	shíhuì
한정상품	限量版	xiànliàng bǎn		인도장	提货处	tíhuòchù
특가품	特价商品	tèjià shāngpǐn		가격, 값	价格	jiàgé
이월상품	过季商品	guòjì shāngpǐn		포장	包装	bāozhuāng
				로컬	当地	dāngdì

세관검사 海关检查 hǎiguān jiǎnchá

반, 절반 一半 yíbàn

불가능하다 不可以 bùkěyǐ

관세 关税 guānshuì

규정 规定 guīdìng

백화점 百货商店 bǎihuò shāngdiàn

<중국문화 엿보기>

중국인에게 선물할 때 피해야 할 선물

　중국인에게 선물할 때 시계(벽시계, 알람시계)와 우산은 피해야만 합니다. 시계는 중국어로 "钟(zhōng)"이라고도 하는데 '시계를 선물하다'의 "送钟(sòngzhōng)"은 '임종하다'의 "送终(sòngzhōng)"과 같은 발음이므로 피해야만 합니다. 또 우산의 "伞(sǎn)"자는 '헤어지다'의 "散(sàn)"과 발음이 비슷하므로 선물하지 않는 것이 좋습니다. 그 이외에도 과일 배는 "梨(lí)"로 발음하며 '떨어지다', '헤어지다'의 "离(lí)"와 같은 발음으로 선물로 적당하지 않습니다. 또 중국에서는 녹색 모자를 거의 볼 수 없는데 '녹색 모자를 쓰다'의 "戴绿帽子(dài lǜ màozi)"는 '아내가 바람이 났다'는 뜻으로 선물로는 피하는 것이 좋습니다.

3.4 가격 및 할인관련 용어

 기본문형

면세점에서는 정가로 판매하고 있습니다.

免税店按标价销售。

Miǎnshuìdiàn shì àn biāojià xiāoshòu.

가격은 달러로 적혀 있습니다.

商品标注的是美元价格。

Shāngpǐn biāozhù de shì měiyuán jiàgé.

그 상품은 ~달러입니다.

那个商品价格为 ~ 美元。

Nàge shāngpǐn jiàgé wéi ~měiyuán.

오늘 환율로 ~원/엔/위안입니다.

按今天的汇率 ~ 韩币/日元/人民币。

Àn jīntiān de huìlǜ ~ hánbì/rìyuán/rénmínbì.

그 상품은 US달러로 ~달러이기 때문에 중국 위안으로 바꾸면 ~위안입니다.

那个商品 ~ 美元, 换算成人民币~元。

Nàge shāngpǐn ~ měiyuán, huànsuàn chéng rénmínbì ~yuán.

샤넬과 루이비통 브랜드는 할인을 하지 않습니다. 정가판매입니다.

香奈儿和路易威登(LV)品牌不打折。按标价销售。

Xiāngnài'ér hé Lùyìwēidēng(LV)pǐnpái bù dǎzhé. àn biāojià xiāoshòu.

신상품은 세일 제외상품입니다.

新商品不打折。

Xīn shāngpǐn bù dǎzhé.

이 상품은 20% 할인하고 있습니다.

这个商品正在打8折。

Zhège shāngpǐn zhèngzài dǎ bāzhé.

멤버십카드를 소지하고 계시면 10% 할인해드립니다.

有会员卡可以打9折。

Yǒu huìyuánkǎ kěyǐ dǎ jiǔzhé.

이 상품은 할인된 가격입니다.

这个是打折后的价格。

Zhège shì dǎzhé hòu de jiàgé.

죄송합니다만, 더 이상의 할인은 어렵습니다.

很抱歉，不能再打折了。

Hěnbàoqiàn, bùnéng zài dǎzhé le.

이 상품은 현재 20% 할인하고 있습니다. VIP카드를 소지하고 계시면 5% D/C가 추가됩니다.

这个商品现在打8折。如果持有VIP卡可以再打0.5折。

Zhège shāngpǐn xiànzài dǎ bāzhé. rúguǒ chíyǒu VIP kǎ kěyǐ zài dǎ língdiǎn wǔ zhé.

전부 합해서 300달러 이상 구매하신 고객에게는 특별 사은품을 드립니다.

消费满300美元的顾客，有礼品赠送。

Xiāofèi mǎn sānbái měiyuán de gùkè, yǒu lǐpǐn zèngsòng.

같은 품목을 세 개 이상 구매하시면 10% 할인해드립니다.

同种类商品购买3件(个)以上，可打九折。

Tóng zhǒnglèi shāngpǐn gòu mǎi sān jiàn (gè)yǐshàng, kě dǎ jiǔzhé.

단품보다 세트 상품이 더 저렴합니다.

套装商品比单品更便宜。

Tàozhuāng shāngpǐn bǐ dānpǐn gèng piányi.

오늘부터 특별 세일을 실시하고 있습니다.

从今天起特价销售。

Cóng jīntiān qǐ tèjià xiāoshòu.

이 선불카드는 모든 매장에서 사용할 수 있습니다.

此预付卡可以在所有专柜使用。

Cǐ yùfùkǎ kěyǐ zài suǒyǒu zhuānguì shǐyòng.

은련카드로 결제하시면 10% 할인해드립니다.

用银联卡结帐，可打九折。

Yòng yínliánkǎ jiézhàng, kě dǎ jiǔzhé.

브랜드에 따라 할인율은 다릅니다.

根据品牌，打折率会有所差异。

Gēnjù pǐnpái, dǎzhélǜ huì yǒusuǒ chāyì.

연습해봅시다

1. 면세점에서는 정가로 판매하고 있습니다.

　

2. 가격은 달러로 적혀 있습니다.

　

3. 오늘 환율로 ~원/엔/위안입니다.

　

4. 신상품은 세일 제외상품입니다.

　

5. 이 상품은 20% 할인하고 있습니다.

　

6. 멤버십카드를 소지하고 계시면 10% 할인해드립니다.

　

7. 이 상품은 할인된 가격입니다.

　

8. 단품보다 세트 상품이 더 저렴합니다.

 상황회화

职员 : 您看这个商品怎么样?
Nín kàn zhège shāngpǐn zěnmeyàng?

顾客 : 看起来不错, 多少钱?
Kànqǐlái búcuò, duōshao qián?

职员 : 100美元。按今天的汇率韩币110,000元。
Yìbǎi měiyuán. àn jīntiān de huìlǜ, hán bì shíyī wàn yuán.

顾客 : 感觉有点贵, 不打折吗?
Gǎnjué yǒudiǎn guì, bù dǎzhé ma?

职员 : 不好意思, 免税店按标价销售。您有会员卡吗?
Búhǎoyìsi, miǎnshuìdiàn àn biāojià xiāoshòu. nín yǒu huìyuánkǎ ma?

如果有会员卡, 可以打九折。
Rúguǒ yǒu huìyuánkǎ, kěyǐ dǎ jiǔzhé.

해석

직원 : 이 상품은 어떠십니까?

고객 : 좋네요. 얼마인가요?

직원 : 100달러입니다. 오늘 환율로 110,000원입니다.

고객 : 좀 비싸네요. 할인은 안 되나요?

직원 : 면세점에서는 정찰제로 판매합니다. 죄송합니다만, 멤버십 카드를 소지하고 계십니까?

멤버십 카드를 소지하고 계시면 10% 할인해드립니다.

顾客 : 我没有会员卡。
Wǒ méiyǒu huìyuánkǎ.

职员 : 那您看这个怎么样? 现在正打八折。
Nà nín kàn zhège zěnmeyàng? xiànzài zhèng dǎ bāzhé.

原价100美元, 打折后是80美元, 也就是88,000韩币。
Yuánjià yìbǎi měiyuán, dǎzhé hòu shì bāshí měiyuán, yě jiù shì bāwàn bāqiān hánbì.

顾客 : 那是今年新商品吗?
Zhè shì jīnnián xīn shāngpǐn ma?

职员 : 不是, 这不是今年新品。打折活动新品除外。
Bú shì, zhè bú shì jīnnián xīnpǐn. dǎzhé huódòng xīnpǐn chúwài.

这是过季商品, 所以八折销售。
Zhè shì guòjì shāngpǐn, suǒyǐ bāzhé xiāoshòu.

顾客 : 能不能再便宜一点儿?
Néngbùnéng zài piányi yìdiǎnr?

해석

고객 : 없는데요.
직원 : 고객님, 그럼 이것은 어떠신가요? 이 상품은 지금 20% 세일 중입니다.
　　　　원래 가격은 100달러인데, 20% 할인하면 80달러이기 때문에 88,000원입니다.
고객 : 그것은 신상품인가요?
직원 : 아니요, 그것은 신상품이 아닙니다. 신상품은 세일 제외 상품입니다.
　　　　이것은 이월상품이기 때문에 20% 할인하고 있습니다.
고객 : 좀 더 싸게는 안 되나요?

职员 : 不好意思，不能再打折了。
Bùhǎoyìsi, bùnéng zài dǎzhé le.

因为是活动商品，现在库存也只剩一个了。
Yīnwèi shì huódòng shāngpǐn, xiànzài kùcún yě zhǐ shèng yígè le.

顾客 : 啊~是吗? 那就要这个吧!
Ā ~ shì ma? nà jiù yào zhège ba!

해석

직원 : 죄송합니다만, 더 이상의 할인은 어렵습니다. 이것은 세일 중이어서 현재 재고가
하나밖에 없습니다.
고객 : 아~, 그래요? 그럼 그것으로 할게요.

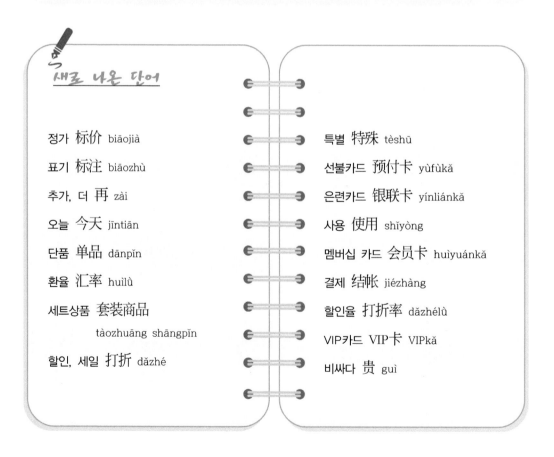

새로 나온 단어

정가 标价 biāojià

표기 标注 biāozhù

추가, 더 再 zài

오늘 今天 jīntiān

단품 单品 dānpǐn

환율 汇率 huìlù

세트상품 套装商品
tàozhuāng shāngpǐn

할인, 세일 打折 dǎzhé

특별 特殊 tèshū

선불카드 预付卡 yùfùkǎ

은련카드 银联卡 yínliánkǎ

사용 使用 shǐyòng

멤버십 카드 会员卡 huìyuánkǎ

결제 结帐 jiézhàng

할인율 打折率 dǎzhélù

VIP카드 VIP卡 VIPkǎ

비싸다 贵 guì

3.5 A/S 안내

 기본문형

이것은 보증서입니다.

这是保证书。
Zhè shì bǎozhèngshū.

A/S를 받으실 때에는 반드시 보증서가 필요합니다.

申请售后服务, 必须要携带保证书。
Shēnqǐng shòuhòufúwù, bìxū yào xiédài bǎozhèngshū.

보증서가 없으면 A/S가 불가능하므로 주의하시기 바랍니다.

没有保证书, 不能受理售后服务, 请注意保管。
Méiyǒu bǎozhèngshū, bùnéng shòulǐ shòuhòufúwù. qǐng zhùyì bǎoguǎn.

보증기간은 1년간입니다.

产品保修期为一年。
Chǎnpǐn bǎoxiūqī wéi yìnián.

A/S센터는 설명서에 적혀 있습니다.

说明书里有注明售后服务中心地址。
Shuōmíngshūlǐ yǒu zhùmíng shòuhòufúwù zhōngxīn dìzhǐ.

A/S를 받으실 때에는 저희 면세점으로 와 주십시오.

出现问题，请到我们免税店。

Chūxiàn wèntí, qǐng dào wǒmen miǎnshuìdiàn.

현지 A/S센터를 방문해 주세요.

请访问当地的售后服务中心。

Qǐng fǎngwèn dāngdì de shòuhòufúwù zhōngxīn.

방문이 어려우실 경우에는 저희 면세점으로 물건을 보내주시면 됩니다.

如果不方便来，请将商品邮寄到我们免税店。

Rúguǒ bù fāngbiàn lái, qǐng jiāng shāngpǐn yóujì dào wǒmen miǎnshuìdiàn.

이 상품은 일본/중국에서도 A/S를 받으실 수 있습니다.

这个商品可以在日本/中国申请售后服务。

Zhège shāngpǐn kěyǐ zài rìběn/zhōngguó shēnqǐng shòuhòufúwù.

연습해봅시다

1. 이것은 보증서입니다.

   _____

2. A/S를 받으실 때에는 반드시 보증서가 필요합니다.

   _____

3. 보증서가 없으면 A/S가 불가능하므로 주의하시기 바랍니다.

   _____

4. 보증기간은 1년간입니다.

   _____

5. A/S를 받으실 때에는 저희 면세점으로 와 주십시오.

   _____

6. 방문이 어려우실 경우에는 저희 면세점으로 물건을 보내주시면 됩니다.

   _____

7. 이 상품은 중국/일본에서도 A/S를 받으실 수 있습니다.

   _____

 상황회화

职员 : 客人，您是要这个手表吗？
Kèrén, nín shì yào zhège shǒubiǎo ma?

顾客 : 是的。这个表的保修期多长时间？
Shì de. zhège biǎo de bǎoxiūqī duōcháng shíjiān?

职员 : 手表的保修期都是一年。这是保证书。
Shǒubiǎo de bǎoxiūqī dōushì yìnián. zhèshì bǎozhèngshū.

顾客 : 哦，是嘛!
Ò, shì ma!

职员 : 没有保证书，不能申请售后服务，请注意保管。
Méiyǒu bǎozhèngshū, bùnéng shēnqǐng shòuhòufúwù, qǐng zhùyì bǎoguǎn.

这个虽是日本品牌，但是说明书中也有中文。
Zhège suī shì rìběn pǐnpái, dànshì shuōmíngshū zhōng yěyǒu zhōngwén.

해석

직원 : 고객님, 이 시계로 하시겠습니까?
고객 : 네, 그런데 이 시계의 보증기간은 언제까지인가요?
직원 : 모든 시계의 보증기간은 1년간입니다.
이것은 보증서입니다.
고객 : 아, 그래요.
직원 : 보증서가 없으면 A/S가 불가능하니 주의하시기 바랍니다.
이 시계는 일본제이지만 설명서에 중국어도 적혀 있습니다.

顾客 : 售后服务中心在哪里?
Shòuhòufúwù zhōngxīn zài nǎli?

职员 : 说明书里有注明售后服务中心地址。
Shuōmíngshū lǐ yǒu zhùmíng shòuhòufúwù zhōngxīn dìzhǐ.

出现问题, 请到我们免税店。
Chūxiàn wèntí, qǐng dào wǒmen miǎnshuìdiàn.

如果不方便来, 可以将商品邮寄给我们,
Rúguǒ bùfāngbiàn lái, kěyǐ jiāng shāngpǐn yóujì gěi wǒmen,

或访问当地的售后服务中心。
Huò fǎngwèn dāngdì de shòuhòufúwù zhōngxīn.

顾客 : 哦, 是嘛? 那可以在中国申请售后服务吗?
Ò, shì ma? nà kěyǐ zài zhōngguó shēnqǐng shòuhòufúwù ma?

职员 : 这个商品在中国也可以申请售后服务。
Zhège shāngpǐn zài zhōngguó yě kěyǐ shēnqǐng shòuhòufúwù.

顾客 : 哦, 知道了。谢谢您!
Ò, zhīdàole. xièxie nín!

해석

고객 : A/S센터는 어디에 있나요?
직원 : A/S센터는 설명서 안에 적혀 있습니다.
　　　 A/S를 원하실 경우 저희 면세점을 다시 방문해 주십시오.
　　　 방문이 어려우실 경우 물건을 보내주시거나 현지 A/S센터를 방문해 주십시오.
고객 : 아, 그렇습니까? 혹시 중국에서도 A/S를 받을 수 있나요?
직원 : 이 상품은 중국에서도 A/S를 받으실 수 있습니다.
고객 : 네 알겠습니다. 감사합니다.

새로 나온 단어

보증서 保证书 bǎozhèngshū

A/S센터 售后服务中心
            shòuhòufúwù zhōngxīn

주의하다, 조심하다 注意 zhùyì

받다, 신청하다 申请 shēnqǐng

보증기간 保修期 bǎoxiūqī

설명서 说明书 shuōmíngshū

곤란하다 不方便 bùfāngbiàn

우편으로 보내다 邮寄 yóujì

현지 当地 dāngdì

방문하다 访问 fǎngwèn

시계 手表 shǒubiǎo

〈중국문화 엿보기〉

중국의 화폐단위와 일상화된 모바일 결제 문화

　중국 화폐는 인민폐이며 단위는 위안(元)입니다. 화폐의 종류에는 元(块), 角(毛), 分이 있는데 환산 단위는 1元 = 10角 = 100分입니다. 현재 유통되는 가장 큰 지폐는 100위안입니다.

　현재 스마트폰의 보급과 함께 중국은 모바일 결제 시장이 대단히 활성화되었는데 QR코드만으로도 결제가 이루어집니다. 중국에서 가장 많이 사용되는 결제 시스템은 알리페이(支付宝)와 위챗페이(微信支付)입니다.

3.6 결제 및 교환권 작성 안내

 기본문형

계산은 이쪽에서 부탁드리겠습니다.

结帐请到这边。
Jiézhàng qǐngdào zhèbiān.

이쪽으로 오세요

这边请。
Zhèbiān qǐng

개인이십니까? 단체로 오셨습니까?

您是个人? 还是团队?
Nín shì gèrén? háishì tuánduì?

쇼핑카드를 가지고 계신가요?

有购物卡吗?
Yǒu gòuwùkǎ ma?

쇼핑카드를 봐도 괜찮으시겠습니까?

可以看一下购物卡吗?
Kěyǐ kàn yíxià gòuwùkǎ ma?

가이드는 어디에 계신가요?

您的导游在哪里?

Nín de dǎoyóu zài nǎlǐ?

가이드의 이름 또는 여행사명을 알려주세요.

请告诉一下导游名或旅行社名。

Qǐng gàosù yíxià nín de dǎoyóu míngzi huò lǚxíngshè míng.

이 상품을 모두 결제하시겠습니까?

这些商品要全部结账吗?

Zhèxiē shāngpǐn yào quánbù jiézhàng ma?

면세품을 구매하실 때에는 여권과 항공권이 필요합니다.

购买免税品, 需要护照和机票。

Gòumǎi miǎnshuì pǐn, xūyào hùzhào hé jīpiào.

관세법상, 면세품을 판매할 때에는 필요한 고객님의 정보를 입력해야만 합니다.

根据关税法, 售免税品时, 需输入顾客的基本信息。

Gēnjù guānshuìfǎ, shòu miǎnshuì pǐn shí, xū shūrù gùkè de jīběn xìnxī.

여권 부탁드립니다.

请出示您的护照。

Qǐng chūshì nín de hùzhào.

항공권도 부탁드립니다.

还请出示您的机票。

Hái qǐng chūshì nín de jīpiào.

VIP카드를 가지고 계십니까? 있으면 보여주시겠습니까?

有VIP卡吗? 如果有请出示一下。

Yǒu VIP kǎ ma? rúguǒ yǒu qǐng chūshì yíxià.

인천공항으로 출국하시나요?

是从仁川机场出境吗?

Shì cóng Rénchuānjīchǎng chūjìng ma?

김포공항으로 출국하시나요?

是从金浦机场出境吗?

Shì cóng Jīnpǔjīchǎng chūjìng ma?

출발은 언제입니까?

什么时候的飞机?

Shénme shíhòu de fēijī?

출발시간과 비행기 편명을 말씀해주십시오.

请告诉一下出发时间和航班号。

Qǐng gàosù yíxià chūfā shíjiān hé hángbānhào.

이쪽에 사인(sign) 부탁드립니다.

请在这里签字。

Qǐng zài zhèlǐ qiānzì.

구입하신 물건은 이것과 이것입니다.

购买的商品是这个和这个。

Gòumǎi de shāngpǐn shì zhège hé zhège.

지불은 원, 엔, 달러, 위안, 유로 모두 가능합니다.

付款用韩币, 日元, 美元, 人民币, 欧元都可以。

Fùkuǎn yòng hánbì, rìyuán, měiyuán, rénmínbì, ōuyuán dōu kěyǐ.

공항면세점에서는 유로도 사용할 수 있습니다.

在机场免税店还可以使用欧元。

Zài jīchǎng miǎnshuìdiàn hái kěyǐ shǐyòng ōuyuán.

계산은 현금으로 하시겠습니까? 아니면 카드로 하시겠습니까?

您付现金还是刷卡?

Nín fù xiànjīn háishì shuā kǎ?

원화도 일본 엔화도 달러도 모두 괜찮습니다.

韩币, 日元, 美元都可以。

Hánbì, rìyuán, měiyuán dōu kěyǐ.

3천원/5천원 거스름돈입니다.

找您三千韩币/五千韩币。

Zhǎo nín sānqiān hánbì/wǔqiān hánbì.

카드를 받았습니다.

收您信用卡。

Shōu nín xìnyòngkǎ.

면세점에서 카드할부는 불가능합니다.

免税店, 信用卡不能分期付款。

Miǎnshuìdiàn, xìnyòngkǎ bù néng fēnqī fùkuǎn.

카드의 사인(sign)을 부탁드립니다.

请您签字。

Qǐng nín qiānzì.

그 밖에 여행자수표도 가능합니다.

此外, 还可以使用旅行支票。

Cǐ wài, hái kěyǐ shǐyòng lǚxíng zhīpiào.

죄송합니다만, 브랜드가 다르기 때문에 계산은 따로 부탁드립니다.

不好意思, 因为品牌不同, 请分别结账。

Bùhǎoyìsi, yīnwèi pǐnpái bùtóng, qǐng fēnbié jiézhàng.

정확히 1,000위안 받았습니다.

正好收您一千元人民币。

Zhènghǎo shōunín yìqiān yuán rénmínbì.

현금과 카드를 섞어서 내셔도 됩니다.

现金和信用卡可以一起使用。

xiànjīn hé xìnyòngkǎ kěyǐ yìqǐ shǐyòng.

잔돈을 내셔도 됩니다.

付零钱也可以。

Fù língqián yě kěyǐ.

신용카드 한도액이 초과되었습니다.

信用卡超出限额。

Xìnyòngkǎ chāochū xiàn é.

이것은 거스름돈입니다.

这是找给您的零钱。

Zhèshì zhǎo gěi nín de líng qián。

이쪽에 서명 부탁드립니다.

请在这里签字。

Qǐngzài zhèlǐ qiānzì.

구매는 출국하기 3시간 전까지 가능합니다.

购买免税品, 截止到出境前三小时。

Gòumǎi miǎnshuìpǐn, jiézhǐ dào chūjìng qián sān xiǎoshí.

시간이 맞지 않기 때문에 구매하실 수 없습니다.

因时间关系, 不能购买商品。

Yīn shíjiān guānxì, bùnéng gòumǎi shāngpǐn.

12

이것은 교환권과 영수증입니다.

这是交换券和购物发票。

Zhè shì jiāohuànquàn hé gòuwù fāpiào.

교환권은 인도장에서 물건과 교환할 때 필요하기 때문에 분실하지 않도록 주의해주십시오.

在提货处领取商品要用到交换券, 请注意保管, 不要丢失。

Zài tíhuòchù lǐngqǔ shāngpǐn yào yòngdào jiāohuànquàn, qǐng zhùyì bǎoguǎn, búyào diūshī.

교환권은 교환권봉투에 넣어서 보관해주세요. 교환권 뒷면에 공항 인도장의 약도가 있으니까 참조하세요.

请将交换券放到信封里保管。交换券背面有机场提货处的示意图, 请参考。

Qǐng jiāng jiāohuànquàn fàng dào xìnfēng lǐ bǎoguǎn. jiāohuànquàn bèimiàn yǒu jīchǎng tíhuòchù de shìyìtú, qǐng cānkǎo.

시내면세점에서 사신 면세품은 지금 가져가실 수 없습니다. 물건은 공항의 인도장에서 받으실 수 있습니다.

在市内免税店购买的商品, 不可以直接带走。要在机场提货处领取。

Zài shìnèi miǎnshuìdiàn gòumǎi de shāngpǐn, bù kěyǐ zhíjiē dàizǒu. yào zài jīchǎng tíhuòchù lǐngqǔ.

한국 토산품은 외국인의 경우에는 지금 가져가실 수 있습니다.

外国人购买韩国土特产, 可以直接带走。

Wàiguórén gòumǎi hánguó tǔtèchǎn, kěyǐ zhí jiē dài zǒu.

공항 인도장의 위치는 교환권봉투의 뒷면에 있는 약도를 보시면 됩니다.

机场提货处的位置, 请参考交换券信封背面的示意图。

Jīchǎng tíhuòchù de wèizhì, qǐng cānkǎo jiāohuànquàn xìnfēng bèimiàn de shìyìtú.

인천공항 인도장은 항공사마다 다릅니다.

仁川机场各航空公司的提货处位置都不同。

Rénchuānjīchǎng gè hángkōng gōngsī de tíhuòchù wèizhì dōu bùtóng.

본인이 직접 여권과 교환권을 가지고 공항 인도장에서 교환해야만 합니다.

须本人持护照和交换券，到机场提货处交换。

Xū běnrén chí hùzhào hé jiāohuànquàn, dào jīchǎng tíhuòchù jiāohuàn.

공항면세점에서 사신 물건은 바로 가져가실 수 있습니다.

在机场免税店购买的商品，可以直接带走。

Zài jīchǎng miǎnshuìdiàn gòumǎi de shāngpǐn, kěyǐ zhíjiē dài zǒu.

젤(gel)이랑 액체류는 인도장에서 확인한 후 탑승 게이트에서 받을 수 있습니다.

啫喱状和液体类，在提货处确认商品后，可在登机口领取。

Zhělí zhuàng hé yètǐ lèi, zài tíhuòchù quèrèn shāngpǐn hòu, kě zài dēngjīkǒu lǐngqǔ.

미주/호주행 고객님은 젤이랑 액체류를 탑승 게이트에서 받을 수 있습니다.

去往欧美/澳大利亚的乘客，可在登机口领取啫喱状/液体类商品。

Qùwǎng Ōuměi/Àodàlìyà de chéngkè, kě zài dēngjīkǒu lǐngqǔ zhělí zhuàng/yètǐ lèi shāngpǐn.

죄송합니다만, 면세품은 포장이 불가능합니다.

对不起，免税品不可以包装。

Duìbuqǐ, miǎnshuì pǐn bù kěyǐ bāozhuāng.

전부 합쳐서 US달러로 1,500달러입니다.

一共1,500美元。

Yígòng yìqiān wǔbǎi měiyuán.

1달러에 1,000위안이니까 중국 위안으로 환산하면 15,000위안이 됩니다.

1美元等于1,000人民币，以人民币换算共15,000元。

Yì měiyuán děngyú yìqiān rénmínbì, yǐ rénmínbì huànsuàn gòng yíwàn wǔqiān yuán.

이 상품은 99,000원인데 10만원 받았기 때문에 1,000원 거스름돈입니다.

商品价格是99,000韩币，收您10万韩币，找您1,000韩币。

Shāngpǐn jiàgé shì jiǔwàn jiǔqiān hánbì, shōu nín shíwàn hánbì, zhǎo nín yìqiān hánbì.

성함은 어떻게 되십니까?

您的姓名是?

Nín de xìngmíng shì?

핸드폰번호를 알려주세요.

请告诉一下手机号码。

Qǐng gàosu yíxià shǒujī hàomǎ.

자택주소도 부탁드립니다.

还请告诉一下您的住址。

Hái qǐng gàosu yíxià nín de zhùzhǐ.

연습해봅시다

1. 계산은 이쪽에서 부탁드리겠습니다.

   _____

2. 개인이십니까? 단체로 오셨습니까?

   _____

3. 쇼핑카드를 봐도 괜찮으시겠습니까?

   _____

4. 면세품을 구매하실 때에는 여권과 항공권이 필요합니다.

   _____

5. 여권 부탁드립니다.

   _____

6. 출발은 언제입니까?

   _____

7. 출발시간과 비행기 편명을 말씀해 주십시오.

   _____

8. 이쪽에 사인 부탁드립니다.

   _____

 상황회화

1) 교환권 작성

职员 : 客人，我来帮您结帐。这边请。
　　　Kèrén, wǒ lái bāng nín jiézhàng. zhèbiān qǐng.

顾客 : 好的。
　　　Hǎo de.

职员 : 您是个人? 还是团队? 有购物卡吗? 可以看一下吗?
　　　Nín shì gèrén? háishì tuánduì? yǒu gòuwùkǎ ma? kěyǐ kàn yíxià ma?

顾客 : 刚才还有的，现在找不到了。好像是丢了。
　　　Gāngcái hái yǒu de, xiànzài zhǎo búdào le. hǎoxiàng shì diū le.

职员 : 没关系。您的导游在哪里?
　　　Méiguānxi. nín de dǎoyóu zài nǎlǐ?

顾客 : 应该在服务台那边等我们。
　　　Yīnggāi zài fúwùtái nàbiān děng wǒmen.

职员 : 哦，知道了。请稍等一下。
　　　Ò, zhīdàole. qǐng shāoděng yíxià.

해석

직원 : 고객님, 계산 도와드리겠습니다. 이쪽으로 오세요.

고객 : 예, 알겠습니다.

직원 : 개인이십니까? 아니면 단체로 오셨습니까? 쇼핑카드를 가지고 계신가요?
　　　쇼핑카드를 봐도 괜찮으시겠습니까?

고객 : 아까는 있었는데 지금은 없네요. 아마 잃어버린 거 같아요.

직원 : 예 괜찮습니다. 그럼 가이드는 어디에 계십니까?

고객 : 아마 안내데스크에서 기다리고 있을 겁니다.

직원 : 예, 알겠습니다. 잠시만 기다려 주세요.

职员 : 客人，让您久等了。
Kèrén, ràng nín jiǔděng le.

顾客 : 真是麻烦你了。
Zhēn shì máfan nǐ le.

职员 : 您太客气了。这些商品要全部结账吗?
Nín tài kèqi le. zhèxiē shāngpǐn yào quánbù jiézhàng ma?

顾客 : 是的。
Shì de.

职员 : 请出示一下护照和机票。
Qǐng chūshì yíxià hùzhào hé jīpiào.

顾客 : 好，在这里。
Hǎo, zài zhèlǐ.

해석

직원 : 고객님, 오래 기다리셨습니다.
고객 : 여러 가지로 미안합니다.
직원 : 아니요, 괜찮습니다. 이 상품을 전부 결제하시겠습니까?
고객 : 네.
직원 : 여권과 항공권 부탁드립니다.
고객 : 네, 여기에 있습니다.

职员 : 谢谢! 王先生是吧。还请告诉一下住址和电话号码。
Xièxie! Wáng xiānshēng shì ba. hái qǐng gàosu yíxià zhùzhǐ hé diànhuà hàomǎ.

顾客 : 地址是北京市东城区王府井大街**号。手机号码是 186-138-012-3456。
Dìzhǐ shì Běijīngshì Dōngchéngqū Wángfǔjǐngdàjiē **hào. shǒujī hàomǎ shì yāo bā liù yāo sān bā líng yāo èr sān sì wǔ liù.

职员 : 谢谢! 什么时候的飞机? 是从仁川机场走还是从金浦机场走?
Xièxie! shénme shíhòu de fēijī? shì cóng Rénchuānjīchǎng zǒu háishì cóng Jīnpǔjīchǎng zǒu?

顾客 : 明天也就是9月9号星期三, 是仁川机场。
Míngtiān yě jiùshì jiǔyuè jiǔhào xīngqīsān, shì Rénchuānjīchǎng.

해석

직원 : 감사합니다. 성함은 왕선생님이지요?
자택주소와 휴대전화 번호도 알려 주세요.
고객 : 주소는 베이징시 동성구 왕푸징로 **번지입니다.
그리고 휴대전화 번호는 00186-138-012-3456입니다.
직원 : 예, 감사합니다. 출발은 언제인가요?
인천공항으로 출국하십니까? 그렇지 않으면 김포공항인가요?
고객 : 내일 수요일, 9월 9일 인천공항입니다.

职员 : 谢谢。还请告诉一下出发时间和航班号。
Xièxie. hái qǐng gàosu yíxià chūfā shíjiān hé hángbānhào.

顾客 : 下午3点25分的大韩航空736航班。
Xiàwǔ sāndiǎn èrshí wǔfēn de dàhánhángkōng qī sān liù hángbān.

职员 : 谢谢。您有VIP卡吗? 如果有的话, 还请出示一下。
Xièxie. nín yǒu VIP kǎ ma? rúguǒ yǒu de huà, hái qǐng chūshì yíxià.

顾客 : 没有。
Méi yǒu.

职员 : 您付现金还是刷卡?
Nín fù xiànjīn háishì shuā kǎ?

顾客 : 刷卡, 卡给您。
Shuā kǎ, kǎ gěi nín.

职员 : 对不起, 此卡提示超出限额。您还有其他卡吗?
Duìbuqǐ, cǐ kǎ tíshì chāochū xiàn é. nín hái yǒu qítā kǎ ma?

顾客 : 是吗? 那给你这张卡。
Shì ma? nà gěi nǐ zhèzhāng kǎ.

해석

직원 : 예, 감사합니다. 그리고 출발시간과 비행기 편명도 부탁드립니다.
고객 : 오후 3시 25분 대한항공 736편입니다.
직원 : 예, 감사합니다. VIP카드를 가지고 계신가요? 소지하고 계시면 보여주시겠습니까?
고객 : 아니요, 없습니다.
직원 : 지불은 어떻게 하시겠습니까? 현금으로 하시겠습니까? 카드로 하시겠습니까?
고객 : 카드로 할게요. 여기에 있습니다.
직원 : 죄송하지만 신용카드 한도액이 초과되었습니다. 죄송한데요, 다른 카드 없으신가요?
고객 : 앗, 그래요? 그럼 이 카드 드릴게요.

职员 : 麻烦您在这里签一下名。这是交换券和购物发票。
Máfan nín zài zhèli qiān yíxià míng. zhè shì jiāohuànquàn hé gòuwù fāpiào.

在提货处领取商品要用到交换券, 请注意保管, 不要丢失。
Zài tíhuòchù lǐngqǔ shāngpǐn yào yòngdào jiāohuànquàn, qǐng zhùyì bǎoguǎn, búyào diūshī.

您购买的是免税品, 所以出境时要在仁川机场提货处领取商品。
Nín gòumǎi de shì miǎnshuìpǐn, suǒyǐ chūjìngshí yàozài Rénchuānjīchǎng tíhuòchù lǐngqǔ shāngpǐn.

仁川机场的大韩航空提货处在3楼的28号登机口旁边。
Rénchuānjīchǎng de dàhánhángkōng tíhuòchù zài sānlóu de èrshí bā hào dēngjīkǒu pángbiān.

顾客 : 谢谢! 明天我还要来买东西, 问一下我能购物到几点?
Xièxie! míngtiān wǒ háiyào lái mǎi dōngxi, wèn yíxià wǒ néng gòuwù dào jǐdiàn?

해석

직원 : 여기에 서명 부탁드립니다. 이것은 교환권과 영수증입니다.
교환권은 인도장에서 물건과 교환할 때 필요하기 때문에 분실하지 않도록 주의해주십시오.
구매하신 물건은 면세품이기 때문에 출국할 때 인천공항 인도장에서 받으실 수 있습니다.
인천공항 인도장은 대한항공인 경우 3층 28번 게이트 옆에 있습니다.
고객 : 네, 고마워요. 내일 또 쇼핑하러 오려고 하는데 구매는 언제까지 가능한가요?

职员 : 购买免税品，截止到出境前3小时。
Gòumǎi miǎnshuìpǐn, jiézhǐ dào chūjìng qián sān xiǎoshí.

之后因时间关系，不能购买商品。
Zhīhòu yīn shíjiān guānxì, bùnéng gòumǎi shāngpǐn.

您是明天下午3点25分出境，所以只能购物到12点。
Nín shì míngtiān xiàwǔ sāndiǎn èrshí wǔfēn chūjìng, suǒyǐ zhǐnéng gòuwù dào shí'èr diǎn.

顾客 : 哦，知道了。还有买的东西可以交换或者退货吗?
Ò, zhīdàole. háiyǒu mǎi de dōngxi kěyǐ jiāohuàn huòzhě tuìhuò ma?

职员 : 当然可以。但是开封后的商品，不可以交换或退货。
Dāngrán kěyǐ. dànshì kāifēng hòu de shāngpǐn, bù kěyǐ jiāohuàn huò tuìhuò.

해석

직원 : 구매는 출국하기 3시간 전까지만 가능합니다.
그 이후에는 시간이 맞지 않기 때문에 쇼핑은 불가능합니다.
고객님의 출국은 내일 오후 3시 25분이기 때문에 쇼핑은 내일 낮 12시까지 가능
합니다.
고객 : 네, 알겠습니다. 그런데 교환이나 환불은 가능한가요?
직원 : 물론 가능합니다. 그러나 물건을 개봉하면 교환 또는 환불은 불가능합니다.

顾客 : 是嘛，知道了。这个是要送人的，可以礼品包装吗？
Shì ma, zhīdàole. zhège shì yào sòngrén de, kěyǐ lǐpǐn bāozhuāng ma?

职员 : 对不起，免税品不可以礼品包装。这是关税规定。
Duìbuqǐ, miǎnshuìpǐn bù kěyǐ lǐpǐn bāozhuāng. zhè shì guānshuì guīdìng.

不过，送人的话，我们可以将商品装进盒子后，再放到透明袋里。
Búguò, sòngrén de huà, wǒmen kěyǐ jiāng shāngpǐn zhuāngjìn hézi hòu, zài fàngdào tòumíngdài li.

顾客 : 知道了。
Zhīdàole.

해석

고객 : 그렇군요. 알겠습니다. 이건 선물인데 혹시 포장은 되나요?
직원 : 죄송합니다만, 면세품은 선물 포장이 불가능합니다.
　　　그것은 관세 규정에 어긋나는 일입니다.
　　　그렇지만 선물이니까 물건을 케이스에 넣은 다음 투명한 봉투에 넣어드릴 수는
　　　있습니다.
고객 : 알겠습니다.

职员 : 客人，请您再确认一下姓名。飞机是明天也就是9月9号星期三下午3
点25分的大韩航空736航班。

Kèrén, qǐng nín zài quèrèn yíxià xìngmíng. fēijī shì míngtiān yě jiùshì jiǔyuè
jiǔhào xīngqīsān xiàwǔ sāndiǎn èrshí wǔfēn de dàhánhángkōng qī sān liù
hángbān.

过了安检后，三楼的28号登机口旁边是大韩航空的提货处。
Guòle ānjiǎn hòu, sānlóu de èrshí bāhào dēngjīkǒu pángbiān shì Dàhánhángkōng
de tíhuòchù.

您购买的商品是这个和这个共两件。不要忘了，在机场领取。
Nín gòumǎi de shāngpǐn shì zhège hé zhège gòng liǎngjiàn. búyào wàng le,
zài jīchǎng lǐngqǔ.

顾客 : 知道了。让您费心了，谢谢!
Zhīdàole. ràng nín fèixīn le, xièxie!

职员 : 您太客气了，欢迎您下次再次光临。
Nín tài kèqi le, huānyíng nín xiàcì zàicì guānglín.

해석

직원 : 고객님, 성함을 다시 한번 확인해주십시오.
출발은 내일 수요일 9월 9일 오후 3시 25분 대한항공 736편이고요.
인도장은 대한항공의 경우 출국 수속을 마친 다음 3층 28번 게이트 옆에 있습니다.
구입하신 물건은 이것과 이것 2개네요. 잊지 말고 인도장에서 꼭 받으세요.
고객 : 알겠습니다. 그럼 잘 부탁합니다. 수고했습니다.
직원 : 고객님, 감사합니다. 다음에 또 들러주세요.

2) 결제

顾客 : 您好，一共多少钱?
　　　Nín hǎo, yígòng duōshao qián?

职员 : 一共1960元人民币。
　　　Yígòng yīqiān jiǔbǎi liùshí yuán rénmínbì.

顾客 : 好，给您钱。
　　　Hǎo, gěi nín qián.

职员 : 收您2000元人民币。
　　　Shōu nín liǎngqiān yuán rénmínbì.

顾客 : 不好意思，可以用零钱吗?
　　　Bùhǎoyìsi, kěyǐ yòng língqián ma?

职员 : 当然可以。再收您60元。
　　　Dāngrán kěyǐ. zài shōu nín liùshí yuán.

顾客 : 知道了。
　　　Zhīdàole.

해석

고객 : 전부해서 얼마인가요?

직원 : 예, 합계 1,960위안입니다.

고객 : 그럼 이걸로 해주세요.

직원 : 2,000위안 받았습니다.

고객 : 미안한데요. 잔돈도 사용할 수 있나요?

직원 : 물론입니다. 잔돈도 괜찮습니다. 60위안 더 받았습니다.

고객 : 네, 알겠습니다.

职员 : 客人，找您100元。
Kèrén, zhǎo nín yìbǎi yuán.

顾客 : 谢谢!
Xièxie!

职员 : 非常感谢，欢迎下次再次光临。
Fēicháng gǎnxiè, huānyíng xiàcì zàicì guānglín.

해석

직원 : 고객님, 100위안 거스름돈입니다.
고객 : 네, 고마워요.
직원 : 고객님, 대단히 고맙습니다. 또 들러주십시오.

새로 나온 단어

결제, 계산 结账 jiézhàng	구입, 구매 购买 gòumǎi
개인 个人 gèrén	여권 护照 hùzhào
오다 来 lái	항공권 机票 jīpiào
쇼핑카드 购物卡 gòuwùkǎ	필요하다 需要 xūyào
보여주다/제시하다 出示 chūshì	관세법 关税法 guānshuìfǎ
가이드 导游 dǎoyóu	정보 信息 xìnxī
이름, 성함 名字 míngzi	입력 输入 shūrù
여행사 旅行社 lǚxíngshè	공항 机场 jīchǎng

출국 出境 chūjìng

출발 出发 chūfā

항공편 航班号 hángbānhào

사인 签字 qiānzì

구매하다 购买 gòumǎi

물건 东西 dōngxi

괜찮다 没关系 méiguānxi

현금 现金 xiànjīn

카드 卡 kǎ

거스름돈 找零钱 zhǎo língqián

할부 分期付 fēnqī fù

여행자수표 旅行支票 lǚxíng zhīpiào

따로 分别 fēnbié

정확히, 딱 正好 zhènghǎo

함께, 동시 同时 tóngshí

잔돈 零钱 língqián

내다 付 fù

신용카드 信用卡 xìnyòngkǎ

한도액 限额 xiàn é

넘다, 초과하다 超出 chāochū

서명 签名 qiānmíng

교환권 交换券 jiāohuànquàn

영수증 发票 fāpiào

교환 交换 jiāohuàn

잃어버리다 丢失 diūshī

봉투 信封 xìnfēng

보관 保管 bǎoguǎn

뒷면 背面 bèimiàn

약도 示意图 shìyìtú

참조 参考 cānkǎo

시내면세점 市内免税店 shìnèi miǎnshuìdiàn

토산품 土特产 tǔtèchǎn

외국인 外国人 wàiguórén

위치 位置 wèizhì

항공사 航空公司 hángkōnggōngsī

본인 本人 běnrén

직접 直接 zhíjiē

공항면세점 机场免税店 jīchǎng miǎnshuìdiàn

젤 啫喱 zhělí

액체류 液体类 yètǐ lèi

확인 确认 quèrèn

탑승게이트 登机口 dēngjīkǒu

미주행 去往欧美 qùwǎng ōuměi

호주행 去往澳大利亚 qùwǎng àodàlìyà

전부 全部 quánbù

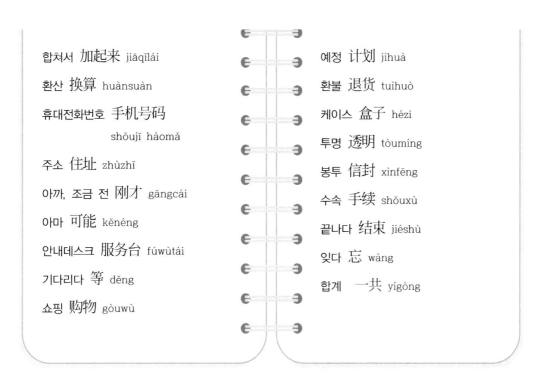

합쳐서 加起来 jiāqǐlái

환산 换算 huànsuàn

휴대전화번호 手机号码 shǒujī hàomǎ

주소 住址 zhùzhǐ

아까, 조금 전 刚才 gāngcái

아마 可能 kěnéng

안내데스크 服务台 fúwùtái

기다리다 等 děng

쇼핑 购物 gòuwù

예정 计划 jìhuà

환불 退货 tuìhuò

케이스 盒子 hézi

투명 透明 tòumíng

봉투 信封 xìnfēng

수속 手续 shǒuxù

끝나다 结束 jiéshù

잊다 忘 wàng

합계 一共 yígòng

3.7 교환 및 반품 안내

 기본문형

교환 또는 반품을 원하실 때에는 반드시 영수증을 지참하셔야만 합니다.
退换商品时，必须要带上发票。
Tuìhuàn shāngpǐn shí, bìxū yào dàishang fāpiào.

상품을 개봉 또는 사용한 후에는 상품교환이나 환불은 불가능합니다.
拆封或使用后的商品，不可以交换或退货。
Chāifēng huò shǐyòng hòu de shāngpǐn, bùkěyǐ jiāohuàn huò tuìhuò.

영수증을 확인하겠습니다.
确认一下您的收据。
quèrèn yíxià nín de shōujù.

구매하신 상품이 마음에 안 드신 경우에는 환불해드립니다.
如果对已购商品不满意，可办理退货。
Rúguǒ duì yǐ gòu shāngpǐn bù mǎnyì, kě bànlǐ tuìhuò.

이것은 불량이므로 새 상품으로 바꿔드립니다.
这个有残次，给您换新商品。
Zhège yǒu cáncì, gěi nín huàn xīn shāngpǐn.

동일한 것으로 색상이 다른 상품으로 하시겠습니까?

同款商品有不同颜色的，可以吗?

Tóng kuǎn shāngpǐn yǒu bùtóng yánsè de, kěyǐ ma?

번거롭게 해드려 죄송합니다.

不好意思，给您添麻烦了。

Bùhǎoyìsi, gěi nín tiān máfan le.

교환과 환불은 계산하신 카운터에서만 가능합니다.

退换商品只能在结帐柜台办理。

Tuìhuàn shāngpǐn zhǐnéng zài jiézhàng guìtái bànlǐ.

교환이나 환불하기 위해서는 결제하신 신용카드가 필요합니다.

退换商品时，需要结帐时使用的信用卡。

Tuìhuàn shāngpǐn shí, xūyào jiézhàng shí shǐyòng de xìnyòngkǎ.

이것은 판매 취소한 영수증입니다.

这是取消发票。

Zhè shì qǔxiāo shōujù.

연습해봅시다

1. 교환 또는 반품을 원하실 때에는 반드시 영수증을 지참하셔야만 합니다.
   _____

2. 상품을 개봉 또는 사용한 후에는 상품교환이나 환불은 불가능합니다.
   _____

3. 영수증을 확인하겠습니다.
   _____

4. 구매하신 상품이 마음에 안 드신 경우에는 환불해드립니다.
   _____

5. 이것은 불량이므로 새 상품으로 바꿔드립니다.
   _____

6. 동일한 것으로 색상이 다른 상품으로 하시겠습니까?
   _____

7. 번거롭게 해드려 죄송합니다.
   _____

8. 교환과 환불은 계산하신 카운터에서만 가능합니다.
   _____

职员 : 您好, 欢迎光临! 您需要什么呢?
　　　Nín hǎo, huānyíng guānglín! nín xūyào shénme ne?

顾客 : 你好。这是上星期在这里买的衣服, 不过有点儿小, 我想换大一号
　　　儿的。
　　　Nǐ hǎo, zhè shì shàngxīngqī zài zhèlǐ mǎi de yīfu, búguò yǒudiǎnr xiǎo, wǒ
　　　xiǎng huàn dà yíhàor de.

职员 : 是嘛, 能让我看一下衣服吗?
　　　Shì ma, néng ràng wǒ kàn yíxià yīfu ma?

顾客 : 好的, 这里。
　　　Hǎo de, zhè lǐ.

职员 : 客人, 很抱歉, 这件衣服不能给您换。
　　　Kèrén, hěn bàoqiàn, zhè jiàn yīfu bùnéng gěinín huàn.

직원 : 안녕하세요. 어서 오세요. 무엇을 도와드릴까요?
고객 : 안녕하세요. 지난주 여기서 이 옷을 샀는데 좀 작아서 한 사이즈 큰 것으로 교환
　　　하고 싶은데요.
직원 : 네, 그러세요. 실례지만, 물건을 좀 보여주시겠습니까?
고객 : 네 여기 있습니다.
직원 : 고객님, 교환은 조금 곤란합니다.

顾客 : 为什么?
Wèi shén me?

职员 : 不好意思，剪掉标签的商品不可以退换。
Búhǎoyìsi, jiǎndiào biāoqiān de shāngpǐn bùkěyǐ tuìhuàn.

顾客 : 拜托你这次就给我换一下吧。
Bàituō nǐ zhè cì jiù gěi wǒ huàn yíxià ba.

职员 : 实在不好意思，这个违反关税规定。
Shízài bùhǎoyìsi, zhège wéifǎn guānshuì guīdìng.

顾客 : 哦，知道了。
Ò, zhī dào le.

职员 : 谢谢您配合，欢迎下次再次光临。
Xièxie nín pèihé, huānyíng xiàcì zàicì guānglín.

해석

고객 : 어째서인가요?
직원 : 죄송합니다만, 가격표를 뗀 상품은 교환이나 반품이 불가능합니다.
고객 : 이번만 좀 부탁드릴게요.
직원 : 죄송합니다만, 그것은 관세 규정에 어긋나는 일입니다.
고객 : 네, 알겠습니다.
직원 : 예, 감사합니다. 또 들러주세요.

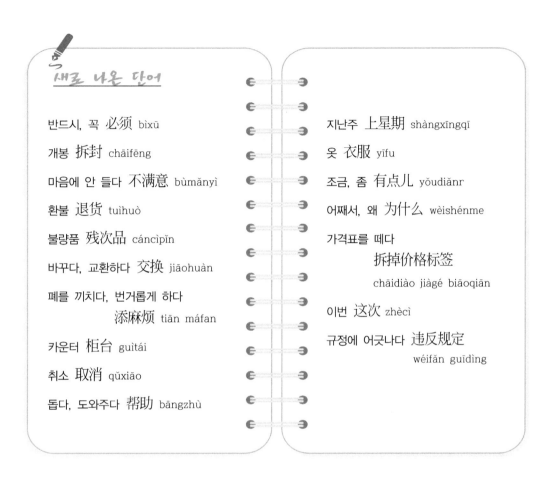

새로 나온 단어

반드시, 꼭 必须 bìxū

개봉 拆封 chāifēng

마음에 안 들다 不满意 bùmǎnyì

환불 退货 tuìhuò

불량품 残次品 cáncìpǐn

바꾸다, 교환하다 交换 jiāohuàn

폐를 끼치다, 번거롭게 하다
添麻烦 tiān máfan

카운터 柜台 guìtái

취소 取消 qǔxiāo

돕다, 도와주다 帮助 bāngzhù

지난주 上星期 shàngxīngqī

옷 衣服 yīfu

조금, 좀 有点儿 yǒudiǎnr

어째서, 왜 为什么 wèishénme

가격표를 떼다
拆掉价格标签
chāidiào jiàgé biāoqiān

이번 这次 zhècì

규정에 어긋나다 违反规定
wéifǎn guīdìng

〈중국문화 엿보기〉

중국의 낮잠문화

중국 사람들은 점심식사 후 낮잠을 자는 문화가 있는데 일반적으로 낮잠은 오후의 학습/업무 효율을 높이기 위해 필수적인 것이라고 생각합니다. 지역에 따라 약간의 차이가 있지만 어린아이, 학생들뿐만 아니라 직장인들도 점심 식사 후에는 사무실에서 불을 끄고 책상에 엎드리거나 간이침대를 펴고 낮잠을 청합니다.

3.8 매장 및 장소 관련 안내

 기본문형

환전소는 입구 오른쪽에 있습니다.

外币兑换处在门口右边。

Wàibì duìhuànchù zài ménkǒu yòubiān.

고객 휴게실은 왼쪽으로 돌아가시면 바로 있습니다. 음료를 무료로 이용할 수 있습니다.

左转就是顾客休息室。可以免费饮用饮料。

Zuǒ zhuǎn jiùshì gùkè xiūxishì. kěyǐ miǎnfèi yǐnyòng yǐnliào.

수입품은 내국인과 외국인 구분없이 모두 공항 인도장에서 받을 수 있습니다.

进口品牌没有本国人外国人区分，都要在机场提货处领取。

Jìnkǒu pǐnpái méiyǒu běnguórén wàiguórén qūfēn, dōu yào zài jīchǎng tíhuòchù lǐngqǔ.

한국 토산품은 외국인의 경우 지금 받을 수 있지만, 내국인의 경우 공항 인도장에서 받을 수 있습니다.

韩国本土品牌，外国人可以直接带走，韩国人需到机场提货处领取。

Hánguó běntǔ pǐnpái, wàiguórén kěyǐ zhíjiē dàizǒu, hánguórén xū dào jīchǎng tíhuòchù lǐngqǔ.

인천공항의 인도장은 3층 28번 게이트 옆에 있습니다.

仁川机场提货处在3楼的28号登机口旁边。

Rénchuānjīchǎng tíhuòchù zài sānlóu de èrshí bā hào dēngjīkǒu pángbiān.

화장실은 여기서 좌측으로 곧장 가시면 바로 있습니다.

左转直走就是洗手间。

Zuǒzhuǎn zhízǒu jiùshì xǐshǒujiān.

면세점 VIP카드는 안내데스크에서 발급해드립니다.

免税店的VIP卡，可以在咨询服务台办理。

Miǎnshuìdiàn de VIP kǎ, kěyǐ zài zīxún fúwùtái bànlǐ.

안내데스크는 엘리베이터 앞에 있습니다.

咨询服务台在电梯口前面。

Zīxún fúwùtái zài diàntīkǒu qiánmiàn.

연습해봅시다

1. 환전소는 입구 오른쪽에 있습니다.

_____

2. 고객 휴게실은 왼쪽으로 돌아가시면 바로 있습니다.

_____

3. 인천공항의 인도장은 3층 28번 게이트 옆에 있습니다.

_____

4. 화장실은 여기서 좌측으로 곧장 가시면 바로 있습니다.

_____

5. 면세점 VIP카드는 안내데스크에서 발급해드립니다.

_____

6. 안내데스크는 엘리베이터 앞에 있습니다.

_____

 상황회화

顾客 : 东西可以直接带走吗?
Dōngxi kěyǐ zhíjiē dàizǒu ma?

职员 : 对不起, 进口品牌没有本国人外国人区分, 都要在机场提货处领取。
Duìbuqǐ, jìnkǒu pǐnpái méiyǒu běnguó rén wàiguó rén qūfēn, dōuyào zài jīchǎng tíhuòchù lǐngqǔ.

韩国本土品牌, 外国人可以直接带走, 也可以到机场领取 。
Hánguó běntǔ pǐnpái, wàiguórén kěyǐ zhíjiē dàizǒu, yě kěyǐ dào jīchǎng lǐngqǔ.

顾客 : 是嘛, 知道了。我现在有点累, 你们免税店有休息室吗?
Shì ma, zhīdàole. wǒ xiànzài yǒudiǎn lèi, nǐmen miǎnshuìdiàn yǒu xiūxishì ma?

해석

고객 : 물건은 지금 가져갈 수 있나요?

직원 : 아니요, 죄송합니다만 수입품은 내국인과 외국인 구분 없이 공항 인도장에서 받습니다.

한국 토산품은 외국인의 경우 지금 받아도 되고 공항 인도장에서 받아도 됩니다.

고객 : 네, 그렇군요. 알겠습니다. 좀 피곤한데요, 이 면세점에 휴게실은 없나요?

职员 : 当然。左转就是顾客休息室。可以免费饮用饮料。
Dāngrán. zuǒzhuǎn jiùshì gùkè xiūxishì. kěyǐ miǎnfèi yǐnyòng yǐnliào.

顾客 : 知道了，谢谢!
Zhīdàole, xièxie!

我想先去趟洗手间，问一下洗手间在哪里?
Wǒ xiǎng xiān qùtàng xǐshǒujiān, wèn yíxià xǐshǒujiān zài nǎlǐ?

职员 : 左转直走就是洗手间。
Zuǒzhuǎn zhízǒu jiùshì xǐshǒujiān.

顾客 : 非常感谢!
Fēicháng gǎnxiè!

职员 : 不客气，欢迎下次再次光临。
Bú kèqi, huānyíng xiàcì zàicì guānglín.

해석

직원 : 네, 물론 있습니다.
　　　고객 휴게실은 왼쪽으로 돌아가시면 바로 있습니다. 음료를 무료로 이용할 수
　　　있습니다.
고객 : 네, 알겠습니다. 고마워요.
　　　먼저 화장실에 가고 싶은데요. 화장실은 어디에 있나요?
직원 : 화장실은 여기서 좌측으로 곧장 가시면 바로 있습니다.
고객 : 네, 고마워요.
직원 : 천만에요. 또 오세요.

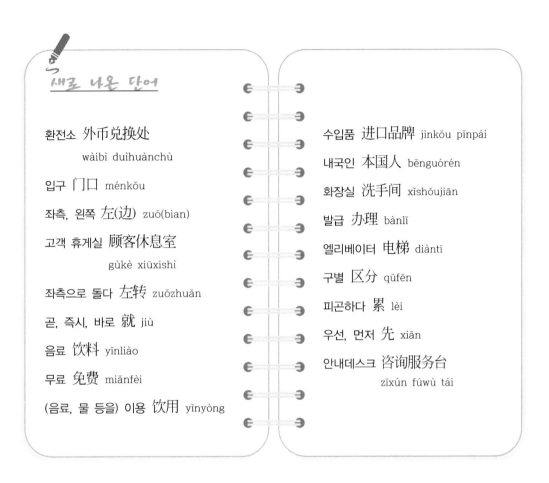

새로 나온 단어

환전소 外币兑换处
 wàibì duìhuànchù

입구 门口 ménkǒu

좌측, 왼쪽 左(边) zuǒ(bian)

고객 휴게실 顾客休息室
 gùkè xiūxishì

좌측으로 돌다 左转 zuǒzhuǎn

곧, 즉시, 바로 就 jiù

음료 饮料 yǐnliào

무료 免费 miǎnfèi

(음료, 물 등을) 이용 饮用 yǐnyòng

수입품 进口品牌 jìnkǒu pǐnpái

내국인 本国人 běnguórén

화장실 洗手间 xǐshǒujiān

발급 办理 bànlǐ

엘리베이터 电梯 diàntī

구별 区分 qūfēn

피곤하다 累 lèi

우선, 먼저 先 xiān

안내데스크 咨询服务台
 zīxún fúwù tái

〈중국문화 엿보기〉

중국인이 좋아하는 숫자

중국인이 가장 좋아하는 숫자는 8입니다. 8은 중국어 발음으로 bā인데 이는 '돈을 벌다', '부자가 되다'의 "发(fā)"와 발음이 비슷하기 때문입니다. 그 이외에 6과 9도 좋아하는 숫자로 6(liù)은 '순조롭다'의 "流(liú)"와 발음이 비슷해서이며 9(jiǔ)는 '장수하다'의 "久(jiǔ)"와 발음이 비슷하기 때문입니다. 반면 한국과 마찬가지로 숫자 4(sì)는 '죽다'의 "死(sǐ)"와 발음이 비슷해서 좋아하지 않습니다.

제4장

장소별 고객응대

4.1 화장품 및 향수 코너-화장품

 기본문형

어느 분이 사용하실 제품을 찾으십니까?

找哪位要使用的产品?

Zhǎo nǎ wèi yào shǐyòng de chǎnpǐn?

죄송합니다만, 사용하실 분의 나이가 어떻게 되십니까?

不好意思, 可以问一下使用者的年龄吗?

Bùhǎoyìsi, kěyǐ wèn yíxià shǐyòngzhě de niánlíng ma?

젊은 분입니까? 아니면 나이가 드신 분입니까?

是年轻人? 还是上了年纪的人?

Shì niánqīngrén? háishì shàng le niánjì de rén?

테스트해 드릴까요?

要试一下吗?

Yào shì yíxià ma?

느낌은 어떠신지요?

感觉怎么样?

Gǎnjué zěnmeyàng?

피부 타입은 무엇인가요?

是什么类型皮肤?

Shì shénme lèixíng pífū?

피부 타입에는 지성, 중성, 건성, 민감성이 있습니다.

皮肤类型分油性, 中性, 干性, 敏感性。

Pífū lèixíng fēn yóuxìng, zhōngxìng, gānxìng, mǐngǎnxìng.

사용하실 분은 건성피부, 중성피부, 지성피부 중 어느 타입입니까?

使用者的皮肤是干性, 中性, 油性中哪个类型呢?

Shǐyòngzhě de pífū shì gānxìng, zhōngxìng, yóuxìng zhōng nǎge lèixíng ne?

기미와 주근깨에 효과가 있는 미백기능 화장품입니다.

有效祛黄褐斑, 雀斑的美白功能化妆品。

Yǒuxiào qū huánghèbān, quèbān de měibái gōngnéng huàzhuāngpǐn.

이 화장품은 계속해서 사용하면 주근깨와 색소침착이 점점 옅어집니다.

坚持使用该化妆品, 会淡化雀斑, 色斑。

Jiānchí shǐyòng gāi huàzhuāngpǐn, huì dànhuà quèbān, sèbān.

이 화장품은 피부에 탄력을 주는 리프팅(lifting) 효과가 있습니다.

这个化妆品具有增加皮肤弹性的提拉效果。

Zhège huàzhuāngpǐn jùyǒu zēngjiā pífū tánxìng de tílā xiàoguǒ.

이 제품은 얼굴을 작게 만드는 슬리밍(simming) 효과가 있는 화장품입니다.

这个是具有瘦脸效果的化妆品。

Zhège shì jùyǒu shòuliǎn xiàoguǒ de huàzhuāngpǐn.

주름을 개선시키는 효과가 있는 제품입니다.

具有祛皱效果的产品。

Jùyǒu qūzhòu xiàoguǒ de chǎnpǐn.

이 화장품은 피부를 재생시켜주는 효과가 함유되어 있습니다.

这个化妆品具有促进皮肤再生功能。

Zhège huàzhuāngpǐn jùyǒu cùjìn pífu zàishēng gōngnéng.

이 상품은 각질을 제거해주는 기능이 들어 있습니다.

该商品具有去角质功能。

Gāi shāngpǐn jùyǒu qù jiǎozhì gōngnéng.

이것은 노화방지용 영양크림입니다.

这个是预防皮肤老化的营养霜。

Zhège shì yùfáng pífū lǎohuà de yíngyǎngshuāng.

이 상품은 특히 수분과 보습이 뛰어납니다.

该商品补水和保湿功能显著。

Gāi shāngpǐn bǔshuǐ hé bǎoshī gōngnéng yóuqí xiǎnzhù.

이것은 주름 개선 효과가 있는 에센스(essence)와 영양크림 세트 상품입니다.

这是祛皱功能精华液和营养霜套装。

Zhè shì qūzhòu gōngnéng jīnghuáyè hé yíngyǎngshuāng tàozhuāng.

이 선크림은 SPF(Sun Protection Fator) 지수가 높아 자외선 차단시간이 깁니다.

这个防晒霜防晒指数(SPF)高，所以防晒时间长。

Zhège fángshàishuāng fángshàizhǐshù gāo, suǒyǐ fángshài shíjiān cháng.

자외선 차단 기능이 포함된 메이크업 베이스(make-up base)/파운데이션(foundation)입니다.

具有防晒功能的隔离霜/粉底霜。

Jùyǒu fángshài gōngnéng de gélíshuāng/fěndǐshuāng.

이 상품은 모공수축에 효과가 있습니다.

这个商品有收缩毛孔的效果。

Zhège shāngpǐn yǒu shōusuō máokǒng de xiàoguǒ.

이 상품은 오일 프리(oil-free)/알코올 프리(alcohol-free) 제품입니다.

这个是不含油/不含酒精的产品。

Zhège shì bùhán yóu/bùhán jiǔjīng de chǎnpǐn.

이 상품은 고농축 크림입니다.

这个是高浓缩乳霜。

Zhège shì gāo nóngsuō rǔshuāng.

이것은 클렌징(cleansing)/딥클렌징(deep cleansing) 제품입니다.

这个是洁面/深层洁面产品。

Zhège shì jiémiàn/shēncéng jiémiàn chǎnpǐn.

화장을 지울 때 사용하는 클렌징 제품입니다.

卸妆时使用的洁面产品。

Xièzhuāng shí shǐyòng de jiémiàn chǎnpǐn.

이 상품은 눈가와 입술의 색조화장을 지우는 클렌징 제품입니다.

这个是卸眼部和唇部彩妆的洁面产品。

Zhège shì xiè yǎnbù hé chúnbù cǎizhuāng de jiémiàn chǎnpǐn.

피지조절이 가능한 제품입니다.

改善皮脂分泌的产品。

Gǎishàn pízhǐ fēnmì de chǎnpǐn.

이것은 셀룰라이트(cellulite) 감소효과가 있는 제품입니다.

这个是改善脂肪团的产品。

Zhège shì gǎishàn zhīfángtuán de chǎnpǐn.

이 상품은 특히 기능성 화장품입니다.

尤其这个商品是功能性护肤品。

Yóuqí zhège shāngpǐn shì gōngnéngxìng hùfupǐn.

지성 피부용이기 때문에 끈적임이나 번들거림이 없습니다.

油性皮肤专用产品，所以清爽不油腻。

Yóuxìng pífū zhuānyòng chǎnpǐn, suǒyǐ qīngshuǎng bù yóunì.

이 상품은 다른 상품보다 매우 촉촉합니다.

这个商品比其它商品更滋润。

Zhège shāngpǐn bǐ qítā shāngpǐn gèng zīrùn.

이것은 커버력이 좋은 파운데이션입니다.

这个是遮瑕效果超强的粉底霜。

Zhège shì zhēxiá xiàoguǒ chāoqiáng de fěndǐshuāng.

미백기능이 함유되어 있는 파운데이션입니다.

含有美白功能的粉底霜。

Hán yǒu měibái gōngnéng de fěndǐshuāng.

이 상품은 방수제품입니다.

这个是防水系列产品。

Zhège shì fángshuǐ xìliè chǎnpǐn.

속눈썹을 풍성하게 하는 볼륨 마스카라(volume mascara)입니다.

丰富睫毛的浓密睫毛膏。

Fēngfù jiémáo de nóngmì jiémáogāo.

이 마스카라는 속눈썹을 길게 보이게 하는 효과가 있는 방수제품입니다.

这是具有拉长睫毛效果的防水型睫毛膏。

Zhè shì jùyǒu lācháng jiémáo xiàoguǒ de fángshuǐ xíng jiémáogāo.

워터푸르프(water proof: 방수) 마스카라는 물에 안 지워집니다.

防水睫毛膏不会被水洗掉。

Fángshuǐ jiémáogāo búhuì bèi shuǐ xǐdiào.

이 메이크업 팔레트(make-up palette)에는 최신 유행하는 컬러가 들어 있습니다.

这个彩妆组合里有最新流行的颜色。

Zhège cǎizhuāng zǔhé lǐ yǒu zuìxīn liúxíng de yánsè.

색상은 마음에 드십니까?

颜色您喜欢吗?

Yánsè nín xǐhuān ma?

이 제품은 신상품입니다.

这个是新款。

Zhège shì xīnkuǎn.

이것이 현재 유행하는 컬러입니다.

这个是现在流行的颜色。

Zhège shì xiànzài liúxíng de yánsè.

고객님의 피부톤에는 이쪽에 있는 밝은 색상이 잘 어울립니다.

这边的亮色更适合您的肤色。

Zhèbiān de liàngsè gèng shìhé nín de fūsè.

간단한 선물로 립스틱 세트(lipstick set)도 좋습니다.

口红套盒当随手礼也很不错。

Kǒuhóng tàohé dāng suíshóulǐ yě hěn búcuò.

이쪽에 있는 립스틱 세트는 개별 포장되어 있어 단체 선물로 더욱 좋습니다.

这边的口红套盒，里面都是独立包装，适合送多个人。

Zhèbiān de kǒuhóng tàohé, lǐmiàn dōu shì dúlì bāozhuāng, shìhé sòng duōge rén.

립스틱 세트에는 3개, 5개가 들어있는 2종류가 있습니다.

口红套盒有三支装和五支装两种。

Kǒuhóng tàohé yǒu sānzhī zhuāng hé wǔzhī zhuāng liǎngzhǒng.

립스틱 세트는 색깔 교환이 안 됩니다.

口红套盒不能更换颜色。

Kǒuhóng tàohé bùnéng gēnghuàn yánsè.

아이크림(eye cream)의 용량은 대개 15ml입니다. 눈가에 조금씩 발라주시면 됩니다.

眼霜大概15毫升。取出少量涂抹在眼角即可。

Yǎnshuāng dàgài shíwǔ háoshēng. qǔchū shǎoliàng túmǒ zài yǎnjiǎo jíkě.

아이크림은 세럼(serum) 또는 크림 타입 2종류가 있습니다.

眼霜有精华和乳霜两种类型。

Yǎnshuāng yǒu jīnghuá hé rǔshuāng liǎngzhǒng lèixíng.

아이크림은 눈에 들어가지 않도록 조심하시고 눈 주위에만 발라주세요.

眼霜只涂在眼部周围，小心不要涂进眼里。

Yǎnshuāng zhǐ tú zài yǎnbù zhōuwéi, xiǎoxīn búyào jìndào yǎnli.

영양크림의 용량은 대개 30ml와 50ml가 있는데 클수록 가격이 저렴해집니다.

营养霜有30毫升装和50毫升装，容量越大价格越实惠。

Yíngyǎngshuāng yǒu sānshí háoshēng zhuāng hé wǔshí háoshēng zhuāng, róngliàng yuè dà jiàgé yuè shíhuì.

더 큰 사이즈도 있습니다. 에스티로더(Estee Lauder)의 영양크림 중 500ml 상품도 있습니다.

还有更大容量的。雅思兰黛的营养霜还有500毫升的产品。

Hái yǒu gèng dà róngliàng de. Yǎsīlándài de yíngyǎngshuāng hái yǒu wǔbǎi háoshēng de chǎnpǐn.

영양크림은 아침저녁 상관없이 바르는 상품과, 아침과 저녁 따로따로 바르는 2종류가 있습니다.

营养霜分为全天都可以使用的产品和分早晚使用的产品。

Yíngyǎngshuāng fēnwéi quántiān dōu kěyǐ shǐyòng de chǎnpǐn hé fēn zǎowǎn shǐyòng de chǎnpǐn.

에센스의 용량은 30ml, 50ml, 100ml가 있는데 이것도 용량이 클수록 가격은 저렴해집니다.

精华液有30毫升装, 50毫升装, 100毫升装, 同样容量越大价格越实惠。

Jīnghuáyè yǒu sānshí háoshēng zhuāng, wǔshí háoshēng zhuāng, yìbǎi háoshēng zhuāng, tóngyàng róngliàng yuè dà jiàgé yuè shíhuì.

에센스는 아침저녁 상관없이 바르는 한 종류뿐입니다.

精华液只有不分早晚都可以使用的一种产品。

Jīnghuáyè zhǐyǒu bùfēn zǎowǎn dōu kěyǐ shǐyòng de yìzhǒng chǎnpǐn.

겔랑(Guerlain) 구슬파우더인 메테오리테(METEORITES)는 화사하면서도 자연스러운 피부를 표현할 수 있습니다.

娇兰幻彩流星粉球, 可使肤色亮丽而自然。

Jiāolán huàncǎi liúxīng fěnqiú, kěshǐ fūsè liànglì ér zìrán.

메테오리테에는 전용 붓이 있습니다만, 그것은 따로 구매하셔야만 됩니다.

幻彩流星粉球有专用粉刷, 不过需要另外购买。

Huàncǎi liúxīng fěnqiú yǒu zhuānyòng fěnshuā, búguò xūyào lìngwài gòumǎi.

에스티로더의 어드밴스트 나이트 리페어(Advanced Night Repair) 제품은 피부재생을 도와주 며 밤에 바르는 에센스입니다.

雅诗兰黛特润修护肌透精华露有助于皮肤再生, 是夜间修复精华。

Yǎshīláidài tèrùnxiūhùjītòu jīnghuálù yǒu zhùyú pífū zàishēng, shì yèjiān xiūfù jīnghuá.

이 클렌징 제품은 각질제거용 스크럽(scrub) 타입입니다.

这个是磨砂型去角质洁面产品。

Zhège shì móshā xíng qù jiǎozhì jiémiàn chǎnpǐn.

이 제품은 눈가와 입가의 주름을 완화시켜줍니다.

这个产品有助于改善眼角和嘴角的皱纹。

Zhège chǎnpǐn yǒu zhùyú gǎishàn yǎnjiǎo hé zuǐjiǎo de zhòuwén.

이 제품은 여드름을 없애는 기능이 들어간 기능성 화장품입니다.

这个是具有祛痘功能的功能性护肤品。

Zhège shì jùyǒu qùdòu gōngnéng de gōngnéngxìng hùfupǐn.

이 화장품은 피부를 매끄럽게 정돈시키는 스킨(skin)입니다.

这个是整顿粗糙皮肤的化妆水。

Zhège shì zhěngdùn cūcāo pífū de huàzhuāngshuǐ.

최근 팩(pack)은 부담 없는 가격으로 간단한 선물로 매우 인기가 있습니다.

面膜因为价格比较便宜, 成了人们的首选礼物。

Miànmó yīnwèi jiàgé bǐjiào piányi, chéng rénmen de shǒuxuǎn lǐwù.

이 제품은 지성용 스킨으로 모공을 좁혀주는 기능이 들어 있습니다.

这是油性皮肤化妆水, 具有收缩毛孔功效。

Zhè shì yóuxìng pífū huàzhuāngshuǐ, jùyǒu shōusuō máokǒng gōngxiào.

피부 트러블이 일어나는 경우는 극히 드뭅니다. 걱정하지 마세요.

几乎不会出现皮肤过敏, 请放心使用。

Jīhū búhuì chūxiàn pífū guòmǐn, qǐng fàngxīn shǐyòng.

BB크림이나 CC크림은 자외선 차단도 할 수 있고 메이크업 베이스와 파운데이션 기능도 있어서 대신 사용하셔도 됩니다.

BB霜或CC霜既可以防晒, 还具有隔离霜和粉底霜的功能, 所以可代用。

BBshuāng huò CCshuāng jì kěyǐ fángshài, hái jùyǒu gélíshuāng hé fěndǐshuāng de gōngnéng, suǒyǐ kě dàiyòng.

화장품의 사용기간은 개봉하지 않으면 2~3년까지입니다.

化妆品如果没有开封, 保质期是两年至三年。

Huàzhuāngpǐn rúguǒ méiyǒu kāifēng, bǎozhìqī shì liǎngnián zhì sānnián.

화장품을 개봉한 후에는 12개월 이내에 사용해 주십시오.

开封后的化妆品请在12个月内用完。

Kāifēng hòu de huàzhuāngpǐn qǐng zài shí'èr gè yuè nèi yòngwán.

화장품의 사용기한은 뒷면 또는 바닥에 적혀 있습니다.

化妆品的背面或底部有标注使用期限。

Huàzhuāngpǐn de bèimiàn huò dǐbù yǒu biāozhù shǐyòng qīxiàn.

잘 안 지워지는 립스틱도 있습니다.

还有不易掉色的口红。

Hái yǒu búyì diàosè de kǒuhóng.

화장품을 바르는 순서는 스킨, 로션(lotion), 아이크림, 에센스, 영양크림, 자외선 차단제, 메이크업 베이스, 파운데이션입니다.

化妆品的使用顺序是化妆水, 乳液, 眼霜, 精华, 营养霜, 防晒霜, 隔离霜, 粉底霜。

Huàzhuāngpǐn de shǐyòng shùnxù shì huàzhuāngshuǐ, rǔyè, yǎnshuāng, jīnghuá, yíngyǎngshuāng, fángshàishuāng, gélíshuāng, fěndǐshuāng.

이것은 남녀가 함께 사용할 수 있는 화장품입니다.

这个是男女可共用的护肤品。

Zhège shì nán nǚ kě gòngyòng de hùfupǐn.

이 화장품은 건조해지기 쉬운 피부에 매우 좋습니다.

这个护肤品适合易干燥的皮肤。

Zhège chǎnpǐn shìhé yì gānzào de pífū.

피부에 충분한 수분을 공급하는 것이 무엇보다도 중요합니다.

给皮肤补充充足的水分是最重要的。

Gěi pífū bǔchōng chōngzú de shuǐfèn shì zuì zhòngyào de.

눈가와 입술을 제외하고 얼굴 전체에 골고루 가볍게 펴 바르시면 됩니다.

取适量均匀地涂抹在除眼周，唇部以外的面部即可。

Qǔ shìliàng Jūnyúnde túmǒ zài chú yǎnzhōu, chúnbù yǐwài de miànbù jíkě.

천연성분으로 만들어졌기 때문에 모든 피부 타입에 사용할 수 있으며 특히 민감성 피부를 가진 분에게 추천해 드립니다.

采用天然成分制成，所有肤质均可以使用，尤其推荐给敏感肌肤的人。

Cǎiyòng tiānrán chéngfèn zhìchéng, suǒyǒu fūzhì jūn kěyǐ shǐyòng, yóuqí tuījiàn gěi mǐngǎn jīfu de rén.

연습해봅시다

1. 어느 분이 사용하실 제품을 찾으십니까?

_____

2. 죄송합니다만, 사용하실 분의 나이가 어떻게 되십니까?

_____

3. 테스트해 드릴까요?

_____

4. 피부 타입은 무엇인가요?

_____

5. 피부 타입에는 지성, 중성, 건성, 민감성이 있습니다.

_____

6. 기미와 주근깨에 효과가 있는 미백기능 화장품입니다.

_____

7. 이 화장품은 피부에 탄력을 주는 리프팅(lifting) 효과가 있습니다.

_____

8. 이 화장품은 피부를 재생시켜주는 효과가 함유되어 있습니다.

_____

 상황회화

职员 : 欢迎光临! 这里是化妆品专柜。您需要什么?
Huānyíng guānglín! zhèlǐ shì huàzhuāngpǐn zhuānguì. nín xūyào shénme?

顾客 : 我要帮别人买东西。
Wǒ yào bāng biérén mǎi dōngxi.

职员 : 要买的是什么呢?
Yào mǎi de shì shénme ne?

顾客 : 雅思兰黛粉饼21号和兰蔻口红385号。多少钱?
Yǎsīlándài fěnbǐng èrshí yī hào hé Lánkòu kǒuhóng sānbǎi bāshí wǔ hào.
Duōshao qián?

职员 : 粉饼是45美元, 口红是27美元。
Fěnbǐng shì sìshí wǔ měiyuán, kǒuhóng shì èrshí qī měiyuán.

顾客 : 换算成韩币是多少钱?
Huànsuàn chéng hánbì shì duōshao qián?

职员 : 两个加起来是72美元。按今天的汇率一美元等于1,100元韩币计算, 共
计79,200韩币。
Liǎngge jiā qǐlái shì qīshí èr měiyuán. àn jīntiān de huìlǜ yī měijīn děngyú
yìqiān yìbǎi yuán hánbì jìsuàn, gòng jì qīwàn jiǔqiān èrbǎi hánbì.

해석

직원 : 어서 오세요. 화장품 코너입니다. 무엇을 찾으세요?

고객 : 부탁받은 물건이 있는데요.

직원 : 그것이 뭔가요?

고객 : 에스티로더 콤팩트(compact) 21호와 랑콤 립스틱 385호예요. 얼마인가요?

직원 : 콤팩트는 45달러이고 립스틱은 27달러입니다.

고객 : 그럼 한국 원으로 얼마인가요?

직원 : 2개 합치면 72달러가 됩니다.

오늘 환율로 1달러는 한국 돈으로 1,100원이니까 합계 79,200원이 됩니다.

顾客 : 那，各要两个。能和我刚才挑的东西，一起结帐吗?
　　　Nà, gè yào liǎngge. néng hé wǒ gāngcái tiāo de dōngxi, yìqǐ jiézhàng ma?

职员 : 对不起，因为品牌不同，所以请分开结账。
　　　Duìbuqǐ, yīnwèi pǐnpái bùtóng, suǒyǐ qǐng fēnkāi jiézhàng.

顾客 : 哦，知道了。
　　　Ò, zhīdàole.

해석

고객 : 그럼 그것을 2개씩 주세요. 아까 고른 물건과 함께 계산해도 되나요?

직원 : 죄송합니다만 브랜드가 다르기 때문에 계산은 따로따로 부탁드리겠습니다.

고객 : 그렇군요. 알겠습니다.

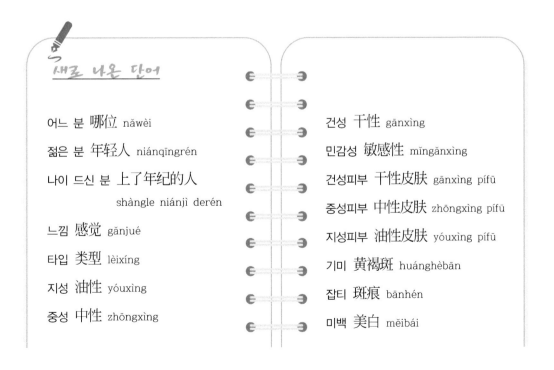

새로 나온 단어

어느 분 哪位 nǎwèi

젊은 분 年轻人 niánqīngrén

나이 드신 분 上了年纪的人
　　　　　　 shàngle niánjì derén

느낌 感觉 gǎnjué

타입 类型 lèixíng

지성 油性 yóuxìng

중성 中性 zhōngxìng

건성 干性 gānxìng

민감성 敏感性 mǐngǎnxìng

건성피부 干性皮肤 gānxìng pífū

중성피부 中性皮肤 zhōngxìng pífū

지성피부 油性皮肤 yóuxìng pífū

기미 黄褐斑 huánghèbān

잡티 斑痕 bānhén

미백 美白 měibái

화장품 化妆品 huàzhuāngpǐn

(기초)화장품 护肤品 hùfupǐn

색소침착 色斑 sèbān

탄력을 주다 增加弹性 zēngjiā tánxìng

리프팅 提拉 tílā

효과 效果 xiàoguǒ

얼굴 面部 miànbù

만들다 制成 zhìchéng

슬리밍 瘦 shòu

주름 皱纹 zhòuwén

개선 改善 gǎishàn

재생 再生 zàishēng

각질 角质 jiǎozhì

제거 去除 qùchú

노화방지 预防老化 yùfáng lǎohuà

영양크림 营养霜 yíngyǎngshuāng

수분 水分 shuǐfèn

보습 保湿 bǎoshī

뛰어나다, 탁월하다 显著 xiǎnzhù

에센스 精华液 jīnghuáyè

세트상품 套装 tàozhuāng

선크림 防晒霜 fángshàishuāng

자외선 紫外线 zǐwàixiàn

메이크업베이스 隔离霜 gélíshuāng

파운데이션 粉底霜 fěndǐshuāng

모공수축 收缩毛孔 shōusuō máokǒng

오일프리 不含油 bùhányóu

알코올프리 不含酒精 bùhánjiǔjīng

고농축 高浓缩 gāonóngsuō

클렌징 洁面 jiémiàn

딥클렌징 深层洁面 shēncéng jiémiàn

화장을 지우다 卸妆 xièzhuāng

눈가 眼角 yǎnjiāo

입술 嘴唇 zuǐchún

피지조절 调节皮脂 tiáojié pízhī

셀룰라이트 脂肪团 zhīfángtuán

감소 减少 jiǎnshǎo

기능성 功能性 gōngnéngxìng

끈적임 油腻 yóunì

커버력 遮瑕 zhēxiá

워터푸르프(방수) 防水 fángshuǐ

속눈썹 睫毛 jiémáo

풍부하다, 풍성하다 丰富 fēngfù

볼륨 마스카라 浓密睫毛膏 nóngmìjiémáogāo

메이크업 팔레트 彩妆组合 cǎizhuāng zǔhé

최신 最新 zuìxīn

색상, 색깔 颜色 yánsè

밝다 亮 liàng

립스틱 세트 口红套盒 kǒuhóng tàohé

아이크림 眼霜 yǎnshuāng

용량 容量 róngliàng

바르다 涂抹 túmǒ

세럼 精华素 jīnghuásù

눈 眼部 yǎnbù

주변, 주위 周围 zhōuwéi

아침 早 zǎo

저녁 晚 wǎn

화사하다 亮丽 liànglì

자연 自然 zìrán

표현 表现 biǎoxiàn

전용 专用 zhuānyòng

붓 刷子 shuāzi

각질제거용 去角质用 qùjiǎozhìyòng

스크럽 磨砂 móshā

입가 嘴角 zuǐjiāo

여드름을 없애다 祛痘 qùdòu

매끄럽다, 매끈매끈하다 光滑 guānghuá

정돈시키다 整顿 zhěngdùn

스킨 化妆水 huàzhuāngshuǐ

팩 面膜 miànmó

모공수축 收缩毛孔 shōusuō máokǒng

피부 트러블 皮肤过敏 pífu guòmǐn

적다 少 shǎo

사용기간 保质期 bǎozhìqī

개봉 开封 kāifēng

이내 内 nèi

뒷면 背面 bèimiàn

바닥 底部 dǐbù

색이 빠짐 掉色 diàosè

화장품을 바르다 抹化妆品 mǒhuàzhuāngpǐn

순서 顺序 shùnxù

로션 乳液 rǔyè

충분하다 充足 chōngzú

공급하다 补充 bǔchōng

제외하다 除了 chúle

골고루 均匀地 jūnyúnde

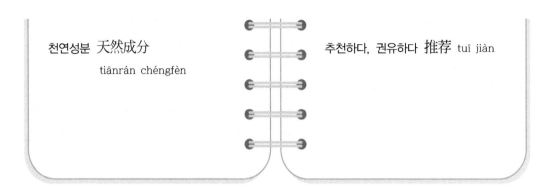

천연성분 天然成分
tiānrán chéngfèn

추천하다, 권유하다 推荐 tuī jiàn

〈중국문화 엿보기〉

중국인이 좋아하는 색과 싫어하는 색

중국 사람이 가장 좋아하는 색은 빨간색으로 중국에서 빨간색은 귀신과 액운을 물리치고 "번창하다, 인기 있다" 등의 의미를 지니고 있습니다. 중국에서는 경사가 있을 때 온통 붉은색을 사용하는데 빨간색 폭죽을 터뜨리거나 빨간 봉투에 축의금/세뱃돈을 넣거나 빨간색 속옷을 입는 습관이 있습니다. 빨간색 이외에 중국인들은 장수를 상징하는 은색, 건강을 상징하는 옥색도 좋아합니다.

중국인이 싫어하는 색은 검은색과 흰색으로 귀신을 불러들인다고 여겨 경사에서는 흰색과 검은색을 절대 피합니다. 특히 한국에서는 축의금을 흰 봉투에 넣는 것에 반해 중국에서는 조의금만 흰 봉투를 사용합니다. 또 중국에서 노란색은 "선정적, 음란"의 뜻을 포함하고 있는데 중국어로 황색영화는 에로영화라는 뜻으로 노란색은 부정적인 뜻을 지니고 있습니다.

4.2 화장품 및 향수 코너-향수

 기본문형

어떤 타입의 향수를 원하십니까?

您要哪种类型的香水?

Nín yào nǎzhǒng lèixíng de xiāngshuǐ?

이 향수는 특히 젊은 분이 좋아하는 향입니다.

这个香水的香味年轻人特别喜欢。

Zhège xiāngshuǐ de xiāngwèi niánqīngrén tèbié xǐhuan.

이 향수는 30ml, 50ml, 100ml 3종류가 있습니다.

该香水有30毫升, 50毫升, 100毫升3种。

Gāi xiāngshuǐ yǒu sānshíháoshēng, wǔshíháoshēng, yìbǎiháoshēng sānzhǒng.

이것보다 더 큰/작은 사이즈도 있습니다.

还有比这个更大的/更小的。

Hái yǒu bǐ zhège gèng dà de/gèng xiǎo de.

향수를 2병 이상 사시면 10% 할인해드립니다.

购买两瓶以上香水, 打九折。

Gòumǎi liǎng píng yǐshàng xiāngshuǐ, dǎ jiǔ zhé.

이 향수는 (달콤한/시원한/진한/옅은/여름에 어울리는/겨울에 어울리는) 향입니다.

这是(甜香型/清爽型/浓香型/淡香型/适合夏天的/适合冬天的)香水。

Zhè shì (tiánxiāng xíng/qīngshuǎng xíng/nóngxiāng xíng/dànxiāng xíng/shìhé xiàtiān de/shìhé dōngtiān de) xiāngshuǐ.

이 향수는 특히 잔향이 은은하고 좋습니다.

这个香水, 淡淡的余香, 特别具有美感。

Zhège xiāngshuǐ, dàndàn de yúxiāng, tèbié jùyǒu měigǎn.

향수를 처음 쓰시는 분이라면 오드 퍼퓸이나 오드 트왈렛을 선택하는 편이 좋습니다.

如果是第一次使用香水, 推荐使用淡香水。

Rúguǒ shì dìyīcì shǐyòng xiāngshuǐ, tuījiàn shǐyòng dànxiāngshuǐ.

이 향수는 다른 향수보다 향이 오래 지속됩니다.

这个香水的香味比其它香水更持久。

Zhège xiāngshuǐ de xiāngwèi bǐ qítā xiāngshuǐ gèng chíjiǔ.

가격은 사이즈가 크면 클수록 저렴합니다.

容量越大价格越实惠。

Róngliàng yuè dà jiàgé yuè shíhuì.

이 상품은 여성용/남성용 향수입니다.

这个是女士/男士香水。

Zhège shì nǚshì/nánshì xiāngshuǐ.

이 향수는 남녀공용입니다.

这个香水男女都可以使用。

Zhège xiāngshuǐ nán nǚ dōu kěyǐ shǐyòng.

같은 향이지만 지속성의 차이가 있습니다.

香水味道相同, 但持久时间上有差异。

Xiāngshuǐ wèidao xiāngtóng, dàn chíjiǔ shíjiānshàng yǒu chāyì.

향수를 사용하실 분의 나이는 어느 정도입니까?

使用香水的人，多大年纪?

Shǐyòng xiāngshuǐ de rén, duōdà niánjì?

향수는 보디클렌징(body cleansing)과 보디로션(body lotion)을 함께 쓰면 향이 오래 지속됩니다.

香水和沐浴露，润肤露一起使用，留香时间会更长。

Xiāngshuǐ hé mùyùlù, rùnfūlù yìqǐ shǐyòng, liúxiāng shíjiān huì gèng cháng.

이 향수는 보디클렌징과 보디로션이 들어간 세트 상품입니다.

这个香水是和沐浴露，润肤露一套的套装商品。

Zhège xiāngshuǐ shì hé mùyùlù, rùnfūlù yítào de tàozhuāng shāngpǐn.

향수 미니어처(miniature) 세트는 같은 브랜드로 다른 종류의 향수가 들어 있습니다.

迷你香水套装里装的是同一品牌的不同类型香水。

Mínǐ xiāngshuǐ tàozhuāng li zhuāng de shì tóngyī pǐnpái de bùtóng lèixíng xiāngshuǐ.

샤넬(CHANEL) NO.5와 NO.19는 여성용 향수로 NO.5는 나이 드신 분이 좋아하고 NO.19는 젊은 분들이 좋아합니다.

香奈儿NO.5和NO.19是女士香水，上了年纪的人喜欢NO.5，年轻人喜欢NO.19。

Xiāngnài'ér NO.5 hé NO.19 shì nǚshì xiāngshuǐ, shàngle niánjì de rén xǐhuan NO.5, niánqīngrén xǐhuan NO.19.

향수를 사용하신 후에는 병 뚜껑을 꼭 닫아 주세요.

用完香水后，请盖好瓶盖。

Yòngwán xiāngshuǐ hòu, qǐng gài hǎo pínggài.

향수를 뿌리실 때 흰색 옷, 실크, 모피, 가죽제품에 직접 사용하시면 얼룩이 질 수도 있습니다.

喷洒香水时，直接喷在白衣服，丝绸，毛皮，皮制品上，可能会产生污迹。

Pēnsǎ xiāngshuǐ shí, zhíjiē pēn zài bái yīfu, sīchóu, máopí, pízhìpǐn shàng, kěnéng huì chǎnshēng wūjì.

상처가 있는 부위에는 직접 뿌리지 말아 주십시오.

不要把香水直接喷在伤口处。

Búyào bǎ xiāngshuǐ zhíjiē pēn zài shāngkǒu chù.

향수는 체온이 높고 맥박이 잘 뛰는 곳일수록 향기가 잘 확산됩니다.

体温高，脉搏跳动快的地方，香气散发得越好。

Tǐwēn gāo, màibó tiàodòng kuài de dìfang, xiāngqì sànfā de yuèhǎo.

향수를 손목 또는 귓불에 뿌리시면 됩니다.

把香水喷在手腕或者耳后就可以。

Bǎ xiāngshuǐ pēn zài shǒuwàn huòzhě ěr hòu jiù kěyǐ.

연습해봅시다

1. 이 향수는 특히 젊은 분이 좋아하는 향입니다.

   _____

2. 이 향수는 30ml와 50ml, 100ml 3종류가 있습니다.

   _____

3. 이것보다 더 큰/작은 사이즈도 있습니다.

   _____

4. 향수를 2병 이상 사시면 10% 할인해드립니다.

   _____

5. 이 향수는 (달콤한/시원한/진한/옅은/여름에 어울리는/겨울에 어울리는) 향입니다.

   _____

6. 이 향수는 다른 향수보다 향이 오래 지속됩니다.

   _____

7. 이 상품은 여성용/남성용 향수입니다.

   _____

8. 향수는 보디클렌징과 보디로션을 함께 쓰면 향이 오래 지속됩니다.

   _____

9. 향수를 사용하신 후에는 병뚜껑을 꼭 닫아 주세요.

   _____

 상황회화

职员 : 欢迎光临! 这里是化妆品专柜。您需要什么?
Huānyíngguānglín! zhèlǐ shì huàzhuāngpǐn zhuānguì. nín xūyào shénme?

顾客 : 想买一瓶香水, 香味不要太浓的。
Xiǎng mǎi yìpíng xiāngshuǐ, xiāngwèi búyào tài nóng de.

职员 : 您看这个怎么样? 是莲娜丽姿品牌, 它淡淡的余香, 特别具有美感。
Nín kàn zhège zěnmeyàng? shì Liánnàlìzī pǐnpái, tā dàndàn de yúxiāng, tèbié jùyǒu měigǎn.

莲娜丽姿的香水一直是很受欢迎的产品。
Liánnàlìzī de xiāngshuǐ yìzhí shì hěn shòuhuānyíng de chǎnpǐn.

顾客 : 可以试香吗?
Kěyǐ shì xiāng ma?

职员 : 当然可以。我来帮您。
Dāngrán kěyǐ. wǒ lái bāng nín.

해석

직원 : 어서 오세요. 화장품 코너입니다. 무엇을 찾으세요?

고객 : 향수를 하나 사고 싶은데요. 향기가 진하지 않은 것으로 부탁합니다.

직원 : 고객님, 이 향기는 어떠세요?
브랜드는 니나리치이고 특히 잔향이 은은하고 좋습니다.
니나리치 향수는 옛날부터 줄곧 인기가 있는 상품입니다.

고객 : 테스트해 봐도 되나요?

직원 : 네 물론입니다. 제가 해드리겠습니다.

顾客 : 谢谢!
Xièxie!

职员 : 您觉得怎么样?
Nín juéde zěnmeyàng?

顾客 : 确实不错。这个多少钱?
Quèshí búcuò. zhège duōshao qián?

해석

고객 : 네 고마워요.
직원 : 고객님, 어떠세요?
고객 : 역시 좋은 향이네요. 얼마예요?

职员 : 根据容量价格也不同。有30毫升, 50毫升, 100毫升3种。
Gēnjù róngliàng jiàgé yě bùtóng. yǒu sānshí háoshēng, wǔshí háoshēng, yìbǎi háoshēng sānzhǒng.

30毫升30美元, 50毫升48美元, 100毫升80美元。
Sānshí háoshēng sānshí měiyuán, wǔshí háoshēng sìshíbā měiyuán, yìbǎi háoshēng bāshí měiyuán.

顾客 : 给我两瓶30毫升的吧。
Gěi wǒ liǎng píng sānshí háoshēng de ba.

职员 : 那给您推荐30毫升两瓶装套装, 50美元, 价格更实惠。
Nà gěi nín tuījiàn sānshí háoshēng liǎngpíngzhuāng tàozhuāng, wǔshí měiyuán, jiàgé gèng shíhuì.

顾客 : 那给我两套吧。
Nà gěi wǒ liǎngtào ba.

해석

직원 : 사이즈에 따라 가격이 다릅니다. 사이즈는 30ml와 50ml, 100ml 3종류가 있습니다. 30ml는 30달러이고 50ml는 48달러이며 100ml는 80달러입니다.
고객 : 그럼 30ml를 2병 주세요.
직원 : 그러면 30ml 2병 세트상품이 50달러이기 때문에 그것이 훨씬 더 저렴합니다. 그것을 추천해드립니다.
고객 : 그것을 2세트 주세요.

职员 : 知道了。谢谢！还有其他需要的吗？
Zhīdàole. xièxie! hái yǒu qítā xūyào de ma?

顾客 : 还想买块手表...
Hái xiǎng mǎi kuài shǒubiǎo...

职员 : 专柜不同，请先在这边结账后，再到手表专柜。
Zhuānguì bùtóng, qǐngxiān zài zhèbiān jiézhàng hòu, zài dào shǒubiǎo zhuānguì.

顾客 : 那，先帮我结这些吧。
Nà, xiān bāng wǒ jié zhèxiē ba.

职员 : 好的。
Hǎo de.

해석

직원 : 예, 알겠습니다. 감사합니다. 그 밖에 필요한 것은 없으신가요?
고객 : 시계를 하나 사고 싶은데요.
직원 : 코너가 다르기 때문에 먼저 여기서 계산하신 후에 시계 매장으로 가주세요.
고객 : 그럼 우선 이것만 계산해주세요.
직원 : 예, 감사합니다.

새로 나온 단어

향수 香水 xiāngshuǐ

향, 향기 香味 xiāngwèi

달다, 달콤하다 甜 tián

시원하다 清爽 qīngshuǎng

진하다, 짙다 浓 nóng

연하다, 옅다 淡 dàn

여름에 어울리다 适合夏天 shìhé xiàtiān

겨울에 어울리다 适合冬天 shìhé dōngtiān

은은하다 淡淡的 dàndànde

오드 퍼퓸 浓香水 nóngxiāngshuǐ

오드 트왈렛 淡香水 dànxiāngshuǐ

선택하다, 택하다 选择 xuǎnzé

지속 持续 chíxù

지속성 持久性 chíjiǔxìng

차, 차이 差异 chāyì

보디클렌징 沐浴露 mùyùlù

보디로션 润肤露 rùnfūlù

미니어처 迷你套装 mínǐ tàozhuāng

좋아하다 喜欢 xǐhuan

병 瓶 píng

뚜껑을 닫다 盖瓶盖 gài pínggài

실크 丝绸 sīchóu

모피 毛皮 máopí

가죽 제품 皮制品 pízhìpǐn

얼룩지다 污迹 wūjì

상처 伤口 shāngkǒu

부위 部位 bùwèi

체온 体温 tǐwēn

높다 高 gāo

맥박 脉搏 màibó

빠르다 快 kuài

확산 散发 sànfā

손목 手腕 shǒuwàn

귓불 耳后 ěrhòu

줄곧 一直 yìzhí

권하다, 권장하다 推荐 tuījiàn

시계 表 biǎo

매장 专柜 zhuānguì

4.3 부티크 코너-가방 및 지갑

기본문형

이 가방은 검정색 이외에 빨강색, 파랑색, 갈색, 보라색이 있습니다.

这款包除了黑色还有红色, 蓝色, 棕色和紫色。
Zhèkuǎn bāo hēisè yǐwài hái yǒu hóngsè, lánsè, zōngsè hé zǐsè.

이 가방은 S, M, L 3종류의 사이즈가 있습니다.

这款包大小有S(小号), M(中号), L(大号)三种。
Zhèkuǎn bāo dàxiǎo yǒu S(xiǎohào), M(zhōnghào), L(dàhào) sān zhǒng.

가방의 종류는 여러 가지가 있습니다. 핸드백, 숄더백, 크로스백, 보스턴백, 클러치백, 쇼퍼백 등이 있습니다.

包的种类有很多种。手提包, 单肩包, 挎包, 手抓包, 波士顿包, 购物包等。
Bāo de zhǒnglèi yǒu hěnduō zhǒng. shǒutíbāo, dānjiānbāo, kuàbāo, shǒuzhuābāo,
bōshìdùnbāo, gòuwùbāo děng.

이 상품은 양가죽이기 때문에 부드럽고 가볍지만 스크래치가 나기 쉽습니다.

这款是羊皮包, 柔软而且轻, 不过容易出现划痕。
Zhèkuǎn shì yángpíbāo, róuruǎn érqiě qīng, búguò róngyì chūxiàn huáhén.

가죽에는 소가죽, 양가죽, 돼지가죽, 뱀가죽, 악어가죽, 타조가죽 등이 있습니다.

皮的种类有牛皮, 羊皮, 猪皮, 蛇皮, 鳄鱼皮, 鸵鸟皮等。

Pí de zhǒnglèi yǒu niúpí, yángpí, zhūpí, shépí, èyúpí, tuóniǎopí děng.

이 상품은 코팅 처리와 엠보싱 처리가 되어 있어서 흠집이 잘 나지 않습니다.

这款包做了贴膜和压印处理, 所以耐磨。

Zhèkuǎn bāo zuò le tiēmó hé yāyìn chùlǐ, suǒyǐ nàimó.

이 가방은 끈 조절이 가능합니다.

这款包可以调整长度。

Zhèkuǎn bāo kěyǐ tiáozhěng chángdù.

이 가방은 이탈리아제입니다.

这款包是意大利品牌。

Zhèkuǎn bāo shì Yìdàlì pǐnpái.

이 가방은 가죽이 아니라 천으로 만들어졌기 때문에 가볍고 들기 편합니다.

这款包不是皮质而是布料, 所以轻易携带。

Zhèkuǎn bāo búshì pízhì ěrshì bùliào, suǒyǐ qīng yì xiédài.

이 가방의 브랜드는 구찌(Gucci)이고 가죽은 돼지가죽입니다.

这款包是古驰(Gucci)品牌, 皮子是猪皮。

Zhèkuǎn bāo shì Gǔchí pǐnpái, pízi shì zhūpí.

이 가방은 계절에 상관없이 사용할 수 있어서 실용적입니다.

这款包不受季节影响, 所以非常实用。

Zhèkuǎn bāo bú shòu jìjié yǐngxiǎng, suǒyǐ fēicháng shíyòng.

이 가방은 유행에 그다지 좌우되지 않습니다.

这款包不易过时。

Zhèkuǎn bāo bú yì guòshí.

루이비통(Louis Vuitton) 가방은 프랑스제로 세계적으로도 유명한 브랜드입니다.

路易威登(LV)是法国品牌，而且是全世界有名的品牌。

Lùyìwēidēng(LV) shì fǎguó pǐnpái, érqiě shì quán shìjiè yǒumíng de pǐnpái.

이 가방은 소가죽이고 감촉이 매우 부드럽습니다.

这款包是牛皮包，手感柔软细腻。

Zhèkuǎn bāo shì niúpí bāo, shǒugǎn róuruǎn xìnì.

이 가방의 소재는 자카드(Jacquard)이고 연령에 관계없이 인기가 있습니다.

这个是提花材质的包，不分年龄都非常喜欢。

Zhège shì tíhuā cáizhì de bāo, bùfēn niánlíng dōu fēicháng xǐhuan.

지갑의 종류에는 장지갑, 반지갑, 동전지갑 등이 있습니다.

钱包的种类有长款包，短款包，硬币包等。

Qiánbāo de zhǒnglèi yǒu chángkuǎnbāo, duǎnkuǎnbāo, yìngbìbāo děng.

이 지갑은 특히 동전지갑이 달려 있어 사용하기 편합니다.

这个钱包还配带硬币包，用起来很方便。

Zhège qiánbāo hái pèidài yìngbìbāo, yòng qǐlái hěn fāngbiàn.

이 지갑은 요즘 가장 인기 있는 상품입니다.

这个钱包是最近最人气商品。

Zhège qiánbāo shì zuìjìn zuì rénqì shāngpǐn.

이 스타일로 다른 브랜드도 있습니다.

这个款式还有其他品牌的。

Zhège kuǎnshì hái yǒu qítā pǐnpái de.

이것은 인조가죽이기 때문에 가격도 싸고 가볍습니다.

这个是人造革，价格也便宜，而且还轻。

Zhège shì rénzàogé, jiàgé yě piányi, érqiě hái qīng.

올해 유행하는 스타일이고 최고 인기 있는 상품입니다.

是今年流行的款式，而且是最具人气商品。

Shì jīnnián liúxíng de kuǎnshì, érqiě shì zuì jù rénqì shāngpǐn.

양가죽은 소가죽보다 좀 더 부드럽습니다.

羊皮比牛皮更柔软。

Yángpí bǐ niúpí gèng róuruǎn.

가죽제품은 가죽크림을 바른 후에 부드러운 헝겊으로 얼룩진 부분을 닦아주세요.

皮制产品的污迹，涂上皮保养膏后，用软布擦掉就可以。

Pízhì chǎnpǐn de wūjì, tú shàng píbǎoyǎnggāo hòu, yòng ruǎnbù cādiào jiù kě yǐ.

특별히 찾으시는 사이즈나 스타일이 있으세요?

有想好的大小或款式吗?

Yǒu xiǎng hǎo de dàxiǎo huò kuǎnshì ma?

이 지갑은 합성피혁이기 때문에 가격도 적당하고 튼튼합니다.

这个钱包是合成皮，所以价格也适当而且还结实。

Zhège qiánbāo shì héchéngpí, suǒyǐ jiàgé yě shìdàng érqiě hái jiēshi.

이 상품은 다른 상품보다 품질이 뛰어납니다.

这个商品的品质要比其它商品好很多。

Zhège shāngpǐn de pǐnzhì yào bǐ qítā shāngpǐn hǎo hěnduō.

이것은 남성용 지갑이고 저것은 여성용 지갑입니다.

这个是男士钱包，那个是女士钱包。

Zhège shì nánshì qiánbāo, nàge shì nǚshì qiánbāo.

이것은 여성용 반지갑으로 동전지갑이 달려 있는 스타일입니다.

这个是女士短款钱包，还带有硬币包。

Zhège shì nǚshì duǎnkuǎn qiánbāo, hái dàiyǒu yìngbìbāo.

명함지갑의 종류에는 2가지가 있는데 명함과 신분증을 넣는 스타일과, 명함과 카드를 넣는 스타일이 있습니다.

名片包有两种。一种是放名片和身份证的，另一种是放名片和信用卡的。

Míngpiànbāo yǒu liǎngzhǒng. yìzhǒng shì fàng míngpiàn hé shēnfènzhèng de, lìng yìzhǒng shì fàng míngpiàn hé xìnyòngkǎ de.

이 지갑은 가방과 세트로 더욱 좋습니다.

这个钱包是和手提包一套的，所以更好。

Zhège qiánbāo shì hé shǒutíbāo yítào de, suǒyǐ gènghǎo.

연습해봅시다

1. 이 가방은 S, M, L 3종류의 사이즈가 있습니다.
   _____

2. 이 상품은 양가죽이기 때문에 부드럽고 가볍지만 스크래치가 나기 쉽습니다.
   _____

3. 가죽에는 소가죽, 양가죽, 돼지가죽, 뱀가죽, 악어가죽, 타조가죽 등이 있습니다.
   _____

4. 이 가방은 끈 조절이 가능합니다.
   _____

5. 이 가방은 가죽이 아니라 천으로 만들어졌기 때문에 가볍고 들기 편합니다.
   _____

6. 이 가방은 계절에 상관없이 사용할 수 있어서 실용적입니다.
   _____

7. 이 가방은 유행에 그다지 좌우되지 않습니다.
   _____

8. 루이비통 가방은 프랑스제로 세계적으로도 유명한 브랜드입니다.
   _____

9. 지갑의 종류에는 장지갑, 반지갑, 동전지갑 등이 있습니다.
   _____

职员 : 欢迎光临! 这里是皮包专柜。您需要什么?
Huānyíng guānglín! zhèli shì píbāo zhuānguì. nín xūyào shénme?

顾客 : 我想买个包, 有可以推荐的吗?
Wǒ xiǎng mǎi gè bāo, yǒu kěyǐ tuījiàn de ma?

职员 : 是您自己用吗?
Shì nín zìjǐ yòng ma?

顾客 : 是的。
Shì de.

해석

직원 : 어서 오세요. 가방 코너입니다. 무엇을 찾으십니까?
고객 : 가방을 사고 싶은데요. 뭔가 좋은 물건 없을까요?
직원 : 본인 건가요?
고객 : 네, 그렇습니다.

职员 : 这边的迷你包怎么样？是今年流行的款式。
Zhèbiān de mínǐbāo zěnmeyàng? shì jīnnián liúxíng de kuǎnshì.

迷你包还可以调整长度，既可以手拿，也可以挎腰。
Mínǐbāo hái kěyǐ tiáozhěng chángdù, jì kěyǐ shǒuná, yě kěyǐ kuàyāo.

价格也不是很贵，450美元。
Jiàgé yě búshì hěn guì, sìbǎi wǔshí měiyuán.

顾客 : 是吗？挺可爱的。那都有什么颜色？
Shì ma? tǐng kě'ài de. nà dōu yǒu shénme yánsè?

职员 : 有黑色，棕色，蓝色，灰色，藏蓝色。其中今年最受欢迎的是灰色。
Yǒu hēisè, zōngsè, lánsè, huīsè, zànglánsè. qízhōng jīnnián zuì shòu huānyíng de shì huīsè.

해석

직원 : 이쪽에 있는 미니백은 어떠세요? 올해 유행하는 스타일입니다.
특히 미니백은 끈 조절이 가능해서 핸드백 또는 크로스백으로 활용할 수 있는 스타일입니다.
가격도 450달러로 그렇게 비싸지 않습니다.
고객 : 아아, 그렇습니까? 귀엽네요. 그러면 색상은 무슨 색이 있나요?
직원 : 색상은 검정색, 브라운, 파란색, 회색, 감색 등이 있습니다.
그중 올해 가장 주목받는 색상은 회색입니다.

顾客 : 是嘛, 不过灰色会不会不易搭配颜色啊?
Shì ma, búguò huīsè huìbúhuì búyì dāpèi yánsè a?

职员 : 嗯…会有一点儿。那黑色怎么样? 黑色是最普通的颜色, 卖的也好。
En…huì yǒu yìdiǎnr. nà hēisè zěnmeyàng? hēisè shì zuì pūtōng de yánsè, mài de yě hǎo.

而且黑色不易过时, 可长久使用。您喜欢哪种颜色呢?
Érqiě hēisè búyì guòshí, kě chángjiǔ shǐyòng. nín xǐhuan nǎ zhǒng yánsè ne?

顾客 : 我也觉得黑色好。这个是什么材质的?
Wǒ yě juéde hēisè hǎo. zhège shì shénme cáizhì de?

职员 : 这款包是牛皮包, 所以很结实。
Zhèkuǎn bāo shì niúpíbāo, suǒyǐ hěn jiēshi.

顾客 : 那就要黑色的吧。
Nà jiùyào hēisè de ba.

职员 : 好的。
Hǎo de.

해석

고객 : 그렇군요. 그러나 회색은 다른 색과 맞추기 어렵지 않나요?
직원 : 예, 좀 그럴지도 모릅니다. 그럼 검정색은 어떠신가요? 검정색은 가장 무난해서
       잘 팔리는 색상입니다. 또한 검정색은 질리지 않는 색이어서 오래 사용할 수 있
       습니다. 고객님은 무슨 색이 마음에 드십니까?
고객 : 저도 검정색이 좋습니다. 재질은 무엇인가요?
직원 : 이 가방은 소가죽이어서 아주 튼튼합니다.
고객 : 그럼 검정색으로 하겠습니다.
직원 : 감사합니다.

새로 나온 단어

가방 包 bāo

S 小号 xiǎohào

M 中号 zhōnghào

L 大号 dàhào

핸드백 手提包 shǒutíbāo

숄더백 单肩包 dānjiānbāo

크로스백 挎腰包 kuàyāobāo

토트백 大提包 dàtíbāo

보스턴백 波斯顿包 bōsīdùnbāo

클러치백 手拿包 shǒunábāo

백팩 背包 bēibāo

쇼퍼백 购物袋提包 gòuwùdài tíbāo

양가죽 羊皮 yángpí

부드럽다 柔软 róuruǎn

스크래치가 나기 쉽다 易出现划痕 yì chūxiàn huáhén

가죽 皮 pí

돼지가죽 猪皮 zhūpí

뱀가죽 蛇皮 shépí

악어가죽 鳄鱼皮 èyúpí

타조가죽 鸵鸟皮 tuóniǎopí

코팅 처리 涂膜处理 túmó chùlǐ

엠보싱 처리 压印处理 yāyìn chùlǐ

끈 绳 shéng

천 布 bù

계절 季节 jìjié

실용적 实用 shíyòng

세계적 全世界 quánshìjiè

유명하다 有名 yǒumíng

감촉 手感 shǒugǎn

소재 素材 sùcái

자카드 提花 tíhuā

지갑 钱包 qiánbāo

장지갑 长款钱包 chángkuǎn qiánbāo

반지갑 短款钱包 duǎnkuǎn qiánbāo

동전지갑 硬币钱包 yìngbì qiánbāo

스타일 款式 kuǎnshì

인조가죽, 합성피혁 人造革 rénzào gé

가죽크림 皮保养膏 pí bǎoyǎnggāo

적당하다, 적합하다 适当 shìdàng

튼튼하다 结实 jiēshi

품질 品质 pǐnzhì

명함 名片 míngpiàn

명함지갑 名片包 míngpiànbāo

신분증명서 身份证 shēnfènzhèng

벌, 세트 一套 yítào

미니백 迷你包 mínǐbāo

귀엽다 可爱 kě'ài

맞추기 어렵다 搭配 dāpèi

무난하다 不易过时 búyì guòshí

재질 材质 cáizhì

4.4 부티크 코너-구두

 기본문형

구두 사이즈는 얼마입니까?

您穿多大号儿的鞋?

Nín chuān duōdà hàor de xié?

양쪽 모두 신어보시겠습니까?

要不要两边都穿上试试?

Yào bú yào liǎngbiān dōu chuānshàng shìshi?

착화감은 어떠십니까?

合脚吗?

Hé jiǎo ma?

이 상품은 한 치수 더 큰 사이즈로 발볼도 가장 넓습니다.

这个是大一号的, 脚宽也是最宽的。

Zhège shì dà yíhào de, jiǎo kuān yěshì zuì kuān de.

소가죽 제품이라 신으면 가죽이 늘어납니다.

因为是牛皮产品, 所以穿上后皮会变松。

Yīnwèi shì niúpí chǎnpǐn, suǒyǐ chuānshàng hòu pí huì biàn sōng.

구두는 A/S가 안 됩니다.

皮鞋没有售后服务。
Píxié méiyǒu shòuhòu fúwù.

다시 한번 걸어보세요.

再走一走看看。
Zài zǒuyizǒu kànkan.

디자인도 최신 겁니다.

款式也是最新的。
Kuǎnshì yě shì zuì xīn de.

이 디자인이 고객님에게 잘 어울립니다.

这个款式很适合您。
Zhège kuǎnshì hěn shìhé nín.

사이즈는 꼭 맞으시네요.

大小正合适。
Dàxiǎo zhèng héshì.

사이즈는 브랜드마다 약간 다릅니다.

鞋的尺码，各种品牌都会有点差异。
Xié de chǐmǎ, gèzhǒng pǐnpái dōu huì yǒudiǎn chāyì.

지금은 이 사이즈밖에 없습니다.

现在只有这一个号码了。
Xiànzài zhǐ yǒu zhè yí gè hàomǎ le.

이 디자인은 정장에도 캐주얼에도 잘 어울려서 실용적인 상품입니다.

这款既能配正装，也能配休闲装，很实用。
Zhèkuǎn jì néng pèi zhèngzhuāng, yě néng pèi xiūxiánzhuāng, hěn shíyòng.

유명한 브랜드인 페라가모(S. Ferragamo)와 구찌 상품은 여전히 많은 사람들에게 사랑받고
있습니다.

大品牌菲拉格慕和GUCCI，依然深受人们的喜爱。

Dà pǐnpái Fēilāgémù hé Gǔchí, yīrán shēnshòu rénmen de xǐ'ài.

나이키(NIKE) 스니커즈(Sneakers)도 있습니다.

还有耐克的运动鞋。

Hái yǒu Nàikè de yùndòngxié.

이 구두는 매우 가볍고 끈 조절이 가능한 상품입니다.

这款皮鞋非常轻，而且还可以调整鞋带。

Zhè kuǎn píxié fēicháng qīng, érqiě hái kěyǐ tiáozhěng xiédài.

조금 끼어 보이네요.

看起来有点挤脚。

Kàn qǐlái yǒu diǎn jǐ jiǎo.

연습해봅시다

1. 구두 사이즈는 얼마입니까?

_____

2. 양쪽 모두 신어보시겠습니까?

_____

3. 착화감은 어떠십니까?

_____

4. 소가죽 제품이라 신으면 가죽이 약간 늘어납니다.

_____

5. 구두는 A/S가 안 됩니다.

_____

6. 다시 한번 걸어보세요.

_____

7. 이 디자인이 고객님에게 잘 어울립니다.

_____

8. 사이즈는 브랜드마다 약간 다릅니다.

_____

 상황회화

职员 : 欢迎光临, 好久不见了, 最近过得好吗?
Huānyíng guānglín, hǎojiǔ bújiàn le, zuìjìn guò de hǎo ma?

顾客 : 托您的福, 过得很好。
Tuō nínde fú, guò de hěn hǎo.

职员 : 今天需要什么商品呢?
Jīntiānxūyào shénme shāngpǐn ne?

顾客 : 我想买双鞋, 有可以推荐的吗?
Wǒ xiǎng mǎi shuāng xié, yǒu kěyǐ tuījiàn de ma?

职员 : 是您自己穿, 还是送人?
Shì nín zìjǐ chuān, háishì sòng rén?

顾客 : 我自己穿。
Wǒ zìjǐ chuān.

해석

직원 : 어서 오세요. 고객님, 오래간만이시네요. 잘 지내셨는지요?

고객 : 덕분에 잘 지냈어요.

직원 : 오늘은 무엇이 필요하신가요?

고객 : 구두를 사고 싶은데요, 추천할 만한 것이라도 있나요?

직원 : 본인 거세요? 선물이세요?

고객 : 제 거예요.

职员 :喜欢什么样的款式呢?
Xǐhuan shénmeyàng de kuǎnshì ne?

顾客 :推荐一下能随意搭配任何着装的皮鞋。
Tuījiàn yíxià néng suíyì dāpèi rènhé zhuózhuāng de píxié.

职员 :您看这个怎么样? 是新品也是今年的最潮款。
Nín kàn zhège zěnmeyàng? shì xīnpǐn yěshì jīnnián de zuì cháokuǎn.

刚刚到店, 款式也最新。我觉得应该很适合您。
GāngGāng dàodiàn, kuǎnshì yě zuì xīn. wǒ juéde yīnggāi hěn shìhé nín.

해석

직원 : 어떤 스타일이 좋으신가요?
고객 : 어떤 차림에나 잘 어울리는 구두를 보여주세요.
직원 : 고객님, 이것은 어떠세요? 신상품으로 올해 가장 유행하는 트렌드 상품이에요.
지금 막 들어왔어요. 게다가 디자인도 최신 거예요.
고객님에게 잘 어울리는 스타일이라고 생각됩니다.

顾客 : 很不错 那款有几种颜色?
Hěn búcuò nàkuǎn yǒu jǐ zhǒng yánsè?

职员 : 有黑色，棕色，白色。
Yǒu hēisè, zōngsè, báisè.

顾客 : 请给我看一下白色。我先试试。
Nà qǐng gěi wǒ kàn yíxià báisè. wǒ xiān shìshi.

职员 : 好的，鞋码是... 按中国鞋码37号对吧?
Hǎode, xiémǎ shì... àn zhōngguó xiémǎ shì sānshíqī hào duì ba?

顾客 : 是的，还记得呢。
Shì de, hái jìde ne.

职员 : 当然了。鞋在这里，您试一下?
Dāngránle. xié zài zhèlǐ, nín shì yíxià?

顾客 : 好的。
Hǎo de.

해석

고객 : 괜찮네요. 그 스타일로 어떤 색이 있나요?

직원 : 검정색, 갈색, 흰색이 있습니다.

고객 : 흰색으로 보여주세요. 우선 그것을 신어볼게요.

직원 : 알겠습니다. 사이즈는 어떻게 되었죠?
중국 사이즈로 37이셨죠?

고객 : 네, 맞아요. 잊지 않았군요.

직원 : 물론이지요. 여기 있습니다. 신어보시겠습니까?

고객 : 네, 신어보지요.

职员 : 感觉怎么样?
Gǎnjué zěnmeyàng?

顾客 : 嗯，很舒服，正合脚。这个多少钱?
Ēn, hěn shūfu, zhèng héjiǎo. zhège duōshao qián?

职员 : 350美元。
Sānbǎi wǔshí měiyuán.

顾客 : 那换成人民币是多少钱?
Nà huàn chéng rénmínbì shì duōshao qián?

职员 : 350美元，换成人民币是2400元。
Sānbǎi wǔshí měiyuán, huàn chéng rénmínbì shì liǎngqiān sìbǎi yuán.

顾客 : 价格也可以。那就要这个吧。
Jiàgé yě kěyǐ. nà jiù yào zhège ba.

职员 : 好的。非常谢谢!
Hǎo de, fēicháng gǎnxiè!

해석

직원 : 어떠세요?
고객 : 음, 편하네요. 꼭 맞네요. 이건 얼마예요?
직원 : 350달러입니다.
고객 : 그럼 중국 위안으로 얼마지요?
직원 : 350달러니까 중국 위안으로 환산하면 2,400위안이 됩니다.
고객 : 가격도 괜찮네요. 그럼 이걸로 주세요.
직원 : 알겠습니다. 감사합니다.

새로 나온 단어

신발, 구두 皮鞋 píxié

양쪽 两边 liǎngbiān

신다 穿 chuān

착화감 合脚 héjiǎo

발볼 脚宽 jiǎokuān

넓다 宽 kuān

약간, 다소...하다
　　　有点(儿) yǒu diǎnr

늘어나다 变松 biànsōng

걷다 走 zǒu

최신 最新 zuìxīn

정장 正装 zhèngzhuāng

캐주얼 休闲装 xiūxiánzhuāng

여전히, 변함없이 依然 yīrán

사랑하다 喜爱 xǐ'ài

스니커즈 运动鞋 yùndòngxié

가능하다 可以 kěyǐ

오래간만 好久 hǎojiǔ

덕분에, 덕택에 托福 tuōfú

복장, 옷차림 着装 zhuózhuāng

트렌드 新潮 xīncháo

편안하다, 안락하다 舒服 shūfu

4.5 부티크 코너-벨트

  기본문형

벨트에는 버클을 구멍에 넣는 캐주얼한 스타일과 버클을 구멍에 걸리게 해서 사용하는 정장용 스타일 2종류가 있습니다.

皮带扣头有休闲款的针扣类和适合正装的板扣类两种。

Pídài kòutóu yǒu xiūxiánkuǎn de zhēnkòulèi hé shìhé zhèngzhuāng de bǎnkòulèi liǎngzhǒng.

벨트의 길이는 100~120cm로 버클과 가죽이 분리되어 있어 길이 조절이 가능합니다.

皮带长度为100~120厘米，可以拆卸扣和皮，所以长度也可以调整。

Pídài chángdù wéi 100~120 límǐ, kěyǐ chāixiè kòu hé pí, suǒyǐ chángdù yě kěyǐ tiáozhěng.

면세점에서는 사이즈 조절이 불가능합니다.

在免税店不能调整长度。

Zài miǎnshuìdiàn bùnéng tiáozhěng chángdù.

이 벨트는 리버시블(reversible:양면 겸용)입니다.

这个是双面皮带。

Zhège shì shuāngmiàn pídài.

벨트의 버클과 가죽만은 구매할 수 없습니다.
不可以单独购买皮带的扣头和皮子。
Bù kěyǐ dāndú gòumǎi pídài de kòutóu hé pízi.

이 버클은 18K/은/백금 도금입니다.
这个扣头是18k/银/白金镀金。
Zhège kòutóu shì 18k/yín/báijīn dùjīn.

이 벨트는 정장에 잘 어울립니다.
这个皮带很适合正装。
Zhège pídài hěn shìhé zhèngzhuāng.

이것은 캐주얼한 복장에 잘 어울리는 벨트입니다.
这个是适合休闲装的皮带。
Zhège shì shìhé xiūxiánzhuāng de pídài.

이 벨트는 어떤 복장에도 잘 어울립니다.
这个皮带适合任何着装。
Zhège pídài shìhé rènhé zhuózhuāng.

벨트 색깔은 검정색과 갈색 2가지가 있습니다.
皮带的颜色有黑色和棕色两种。
Pídài de yánsè yǒu hēisè hé zōngsè liǎngzhǒng.

버클의 색상은 주로 은색 계열이 많은데, 나이에 관계없이 무난하게 착용할 수 있습니다.
扣头的颜色多为银色系列，不分年龄都可以佩戴。
Kòutóu de yánsè duō wéi yínsè xìliè, bùfēn niánlíng dōu kěyǐ pèidài.

금색 계열은 대부분 나이 드신 분들이 좋아하십니다.
上了年纪的人大部分喜欢金色系列。
Shàng le niánjì de rén dàbùfen xǐhuan jīnsè xìliè.

벨트의 가격은 싼 것부터 비싼 것까지 다양한 상품이 구비되어 있습니다.
从便宜的到贵的，备有多种皮带商品。
Cóng piányi de dào guì de, bèiyǒu duō zhǒng pídài shāngpǐn.

연습해봅시다

1. 면세점에서는 사이즈 조절이 불가능합니다.

_____

2. 이 벨트는 리버시블입니다.

_____

3. 벨트의 버클과 가죽만은 구매할 수 없습니다.

_____

4. 이 버클은 18K/은/백금 도금입니다.

_____

5. 이 벨트는 정장에 잘 어울립니다.

_____

6. 이것은 캐주얼한 복장에 잘 어울리는 벨트입니다.

_____

7. 이 벨트는 어떤 복장에도 잘 어울립니다.

_____

 상황회화

职员 : 你好, 欢迎光临! 这里是皮带专柜。您需要什么?
　　　Nǐ hǎo, huānyíng guānglín! zhèlǐ shì pídài zhuānguì. nín xūyào shénme?

顾客 : 您好, 我想买皮带。
　　　Nín hǎo, wǒ xiǎng mǎi pídài.

职员 : 是您自己用还是要送人?
　　　Shì nín zìjǐ yòng háishì yào sòngrén?

顾客 : 我自己用。都有哪些种类呢?
　　　Wǒ zìjǐ yòng. dōu yǒu nǎxiē zhǒnglèi ne?

职员 : 皮带扣头有休闲款的针扣类和适合正装的板扣类两种。
　　　Pídài kòutóu yǒu xiūxiánkuǎn de zhēnkòulèi hé shìhé zhèngzhuāng de
　　　bǎnkòulèi liǎngzhǒng.

　　　您喜欢哪种?
　　　Nín xǐhuan nǎ zhǒng?

해석

직원 : 안녕하세요. 어서 오십시오. 벨트 코너입니다. 무엇을 찾으십니까?
고객 : 안녕하세요. 벨트를 사고 싶은데요.
직원 : 본인 건가요? 선물인가요?
고객 : 제 거예요. 어떤 종류가 있나요?
직원 : 벨트에는 버클을 구멍에 넣는 캐주얼한 스타일과 버클을 구멍에 걸리게 해서 사
　　　용하는 정장용 스타일 2종류가 있습니다.
　　　어느 쪽이 좋은가요?

顾客 ： 我喜欢休闲风格的。可以试一下吗?
Wǒ xǐhuan xiūxián fēnggé de. kěyǐ shì yíxià ma?

职员 ： 当然。这个是适合休闲装的皮带, 而且是双面皮带。
Dāngrán. zhège shì shìhé xiūxiánzhuāng de pídài, érqiě shì shuāngmiàn pídài.

我看很适合您。
Wǒ kàn hěn shìhé nín.

顾客 ： 是嘛, 那可以调整长度吗?
Shì ma, nà kěyǐ tiáozhěng chángdù ma?

해석

고객 : 캐주얼한 스타일이 좋아요. 한번 벨트를 매 봐도 될까요?
직원 : 물론입니다. 이것은 캐주얼한 복장에 잘 어울리는 벨트입니다.
특히 이 벨트는 리버시블입니다.
고객님에게 잘 어울리시네요.
고객 : 네, 그렇군요. 그럼 사이즈 조절은 가능한가요?

职员 : 皮带长度为100~120厘米, 扣和皮可分离, 所以长度也可以调整。
不过, 在我们这儿不能调整长度。
Pídài chángdù wéi 100~120 lǐmǐ, kòu hé pí kě fēnlí, suǒyǐ chángdù yě kěyǐ
tiáozhěngídài chángdù. búguò, zài wǒmen zhèr bù néng tiáozhěng chángdù.

顾客 : 知道了。那可以单买皮带的皮子吗?
Zhīdàole. nà wèn yíxià, kěyǐ dān mǎi pídài de pízi ma?

职员 : 很抱歉, 那个不可以。
Hěn bàoqiàn, nà ge bù kěyǐ.

顾客 : 哦, 那颜色有哪几种?
Ò, nà yánsè yǒu nǎ jǐ zhǒng?

职员 : 有黑色和棕色两种, 您更喜欢哪个颜色呢?
Yǒu hēisè hé zōngsè liǎng zhǒng, nín gèng xǐhuan nǎ ge yánsè ne?

顾客 : 还是黑色耐看, 就要黑色吧。
Háishì hēisè nài kàn, jiù yào hēisè ba.

职员 : 好的。
Hǎo de.

해석

직원 : 벨트의 길이는 100~120cm로 버클과 가죽이 분리되어 있어 길이 조절이 가능합니
다. 그러나 죄송합니다만 여기서는 사이즈 조절이 불가능합니다.
고객 : 네, 알겠습니다. 혹시 벨트의 가죽만은 구매할 수 없나요?
직원 : 죄송합니다만, 그것은 불가능합니다.
고객 : 그렇군요. 그럼 무슨 색이 있나요?
직원 : 색깔은 검정색과 갈색 2가지가 있는데, 어느 쪽이 좋습니까?
고객 : 역시 검정색이 무난하니까 검정색으로 하겠습니다.
직원 : 알겠습니다.

새로 나온 단어

벨트 皮带 pídài

버클 扣头 kòutóu

캐주얼한 스타일 休闲风格
　　　　　　　 xiūxián fēnggé

정장용 스타일 正装风格
　　　　　　　 zhèngzhuāng fēnggé

분리 拆卸 chāixiè

길이 长度 chángdù

리버시블, 양면 겸용 双面
　　　　　　　　　 shuāngmiàn

18K 18K shíbā K

은 银 yín

백금 白金 báijīn

도금 镀金 dùjīn

주로 主要 zhǔyào

은색 계열 银色系列
　　　　　 yínsè xìliè

나이에 관계없이 不分年龄
　　　　　　　　 bùfēn niánlíng

무난하게 耐看 nàikàn

금색 계열 金色系列 jīnsè xìliè

대부분 大部分 dàbùfēn

좋아하다 喜欢 xǐhuan

여러 가지 多种
　　　　　 duō zhǒng

갖추어지다, 구비되다
　　　　　　　 备有 bèiyǒu

4.6 부티크 코너-의류

 기본문형

선물 받으실 분의 연령/체격은 어느 정도입니까?

问一下要送礼的对方年龄/身材?

Wèn yíxià yào sònglǐ de duìfāng niánlíng/shēncái?

자녀분은 몇 살입니까? 남자아이인가요? 아니면 여자아이인가요?

孩子几岁了? 是男孩还是女孩?

Háizi jǐ suì le? shì nánhái háishì nǚhái?

브랜드마다 표시가 다릅니다.

各个品牌的标示都不同。

Gège pǐnpái de biāoshì dōu bùtóng.

여성용 옷 사이즈는 36부터 44까지입니다.

女式服装的尺码从36到44。

Nǚshì fúzhuāng de chǐmǎ cóng sānshíliù dào sìshísì.

이쪽은 AW/SS상품입니다.

这边是秋冬(AW)/春夏(SS)款。

Zhèbiān shì qiū dōng (AW)/chūn xià (SS)kuǎn.

이 사이즈는 품절되었습니다.

这个号儿断货了。
Zhège hàor duàn huò le.

창고에 있는지 없는지 확인해보겠습니다.

我查一下库里还有没有。
Wǒ cháyíxià kùlǐ hái yǒuméiyǒu.

일단 입어보시겠습니까?

您先试一下怎么样?
Nín xiān shì yíxià zěnmeyàng?

이 상품은 손빨래가 아니라 반드시 드라이클리닝해야만 합니다.

这件商品不能水洗，必须要干洗。
Zhè jiàn shāngpǐn bù néng shuǐxǐ, bìxū yào gānxǐ.

이 옷은 물세탁이 가능합니다.

这件衣服可以水洗。
Zhè jiàn yīfu kěyǐ shuǐxǐ.

티셔츠는 입어보실 수 없습니다.

体恤衫不能试穿。
Tǐxùshān bù néng shì chuān.

이 블라우스는 100% 실크입니다.

这件罩衫是100%真丝。
Zhè jiàn zhàoshān shì bǎifēnzhībǎi zhēnsī.

이 바지의 소재는 면입니다.

这条是纯棉面料裤子。
Zhè tiáo shì chúnmián miànliào kùzi.

이 치마는 100% 면이기 때문에 촉감이 매우 부드럽습니다.

这条裙子是100%的纯棉，所以手感很柔和。

Zhè tiáo qúnzi shì bǎifēnzhībǎi de chúnmián, suǒyǐ shǒugǎn hěn róuhé.

다른 디자인/색도 보여드릴까요?

要看一下其他款式/颜色吗?

Yào kàn yíxià qítā kuǎnshì/yánsè ma?

이 스웨터의 소재는 캐시미어(cashmere)입니다.

这件是羊绒面料毛衫。

Zhè jiàn shì yángróng miànliào máoshān.

이 상품의 소재는 울(wool)이기 때문에 매우 가볍고 따뜻합니다.

这件是羊毛面料，非常轻而且暖和。

Zhè jiàn yuánliào shì yángmáo, fēicháng qīng érqiě nuǎnhuo.

여러 가지 색상을 구비하고 있습니다.

备有多种颜色。

Bèi yǒu duōzhǒng yánsè.

이 상품이 가장 작은/큰 사이즈입니다.

这个是最大号儿的/最小号儿的。

Zhège shì zuì dà hàor de/zuì xiǎo hàor de.

이 셔츠에는 이 색상/모양/디자인이 어울린다고 생각합니다.

这件衬衫适合配这个颜色/图案/设计。

Zhè jiàn chènshān shìhé pèi zhège yánsè/tú'àn/shèjì.

입어보실 때에는 페이스커버를 반드시 이용해주십시오.

试穿的时候请一定戴上一次性面罩。

Shì chuān de shíhòu qǐng yídìng dàishàng yí cì xìng miànzhào.

허리 사이즈는 어떻게 되나요?

腰围是多少?

Yāowéi shì duōshao.

이 상품은 젊은 여성들에게 인기가 있으며 올 여름에 유행하는 디자인입니다.

这件很受年轻女士的喜欢, 是今夏流行的款式。

Zhè jiàn hěnshòu niánqīng nǚshì de xǐhuan, shì jīnxià liúxíng de kuǎnshì.

이 옷의 소재는 면과 폴리에스테르 혼방입니다.

这件衣服面料是棉和涤纶混纺。

Zhè jiàn yīfu miànliào shì mián hé dílún hùnfǎng.

고객님, 어떠세요? 좀 끼어 보이네요. 좀 더 큰 것으로 입어보시겠습니까?

客人, 您觉得怎么样? 看起来有点小, 要不要试一下大一号的?

Kèrén, nín juéde zěnmeyàng? kàn qǐlái yǒu diǎn xiǎo, yàobúyào shì yíxià dàyíhào de.

이 재킷은 고객님에게 약간 큰 것 같습니다.

这个夹克您穿感觉有点大。

Zhège jiákè nín chuān gǎnjué yǒu diǎn dà.

이 타입의 재킷에는 이런 무늬가 좋다고 생각합니다.

我觉得这种类型夹克, 适合配这种图案。

Wǒ juéde zhè zhǒng lèixíng jiákè, shìhé pèi zhèzhǒng tú'àn.

이 옷은 올 시즌 상품으로 베스트 세일즈 아이템입니다.

这件是今年最畅销的季度新款。

Zhè jiàn shì jīnnián zuì chàngxiāo de jìdù xīnkuǎn.

이 정장에 스카프를 두르시면 더욱 멋집니다.

这身正装配围巾会更帅气。

Zhè shēn zhèngzhuāng pèi wéijīn huì gèng shuàiqì.

이 바지는 보온성과 방수성이 뛰어나며 가볍고 따뜻합니다.

这条裤子保温性和防水性非常好，而且轻还暖和。

Zhè tiáo kùzi bǎowēnxìng hé fángshuǐxìng fēicháng hǎo, érqiě qīng hái nuǎnhuo.

디자인이 심플하면서도 세련된 옷입니다.

衣服的设计简单且时尚。

Yīfu de shèjì jiǎndān qiě shíshàng.

고객님에게는 약간 긴 것 같네요.

您穿感觉有点儿长。

Nín chuān gǎnjué yǒu diǎnr cháng.

이 옷은 촉감도 매우 부드럽고 신축성이 뛰어나서 착용감이 좋습니다.

这件衣服手感很柔和，伸缩性也好，穿起来非常舒服。

Zhè jiàn yīfu shǒugǎn hěn róuhé, shēnsuōxìng yě hǎo, chuān qǐlái fēicháng shūfu.

이 옷은 버버리(Burberry)의 전형적인 디자인으로 매년 유행하고 있습니다.

这件衣服是巴宝莉的经典款，每年都流行。

Zhè jiàn yīfu shì Bābǎolì de jīngdiǎn kuǎn, měi nián dōu liúxíng.

이 옷은 100% 면으로 땀 흡수가 잘 됩니다.

这件衣服是100%纯棉，吸汗性非常好。

Zhè jiàn yīfu shì bǎifēnzhībǎi chúnmián, xīhànxìng fēicháng hǎo.

최근 유행하고 있는 상하세트는 어떻습니까?

最近流行的上下套装怎么样?

Zuìjìn, liúxíng de shàngxià tàozhuāng zěnmeyàng?

이쪽에 선물용으로 좋은 아동복이 있습니다.

这边有适合送礼的儿童服装。

Zhèbiān yǒu shìhé sònglǐ de értóngfú。

연습해봅시다

1. 선물 받으실 분의 연령/체격은 어느 정도입니까?

_____

2. 브랜드마다 표시가 다릅니다.

_____

3. 이 옷은 물세탁이 가능합니다.

_____

4. 티셔츠는 입어보실 수 없습니다.

_____

5. 이 블라우스는 100% 실크입니다.

_____

6. 이 바지의 소재는 면입니다.

_____

7. 이 스웨터의 소재는 캐시미어입니다.

_____

8. 이 셔츠에는 이 색상/모양/디자인이 어울린다고 생각합니다.

_____

상황회화

1) 의류 코너[색상 1]

职员 : **客人，颜色和大小感觉怎么样?**
Kèrén, yánsè hé dàxiǎo gǎnjué zěnmeyàng?

顾客 : **大小正合适，不过感觉颜色不适合我，你看怎么样?**
Dàxiǎo zhèng héshì, búguò gǎnjué yánsè bú shìhé wǒ, nǐ kàn zěnmeyàng?

职员 : **我个人觉得那个颜色很适合您的肤色。**
Wǒ gèrén juéde nà ge yánsè hěn shìhé nín de fūsè.

顾客 : **是吗? 那可以再推荐一下能配这条裤子的衬衫吗?**
Shì ma? nà kěyǐ zài tuījiàn yíxià néng pèi zhè tiáo kùzi de chènshān ma?

职员 : **好的。**
Hǎo de.

해석

직원 : 고객님, 색상과 사이즈는 어떠십니까?
고객 : 사이즈는 딱 좋은데 이 색상은 저한테 안 맞는 것 같은데요. 어때요?
직원 : 저는 그 색상이 고객님 피부에 잘 어울린다고 생각합니다.
고객 : 그래요? 그럼, 이 바지에 맞는 티셔츠도 추천해주시겠어요?
직원 : 예, 알겠습니다.

2) 의류 코너[색상 2]

职员 : 客人，您喜欢哪种颜色?
　　　Kèrén, nín xǐhuan nǎ zhǒng yánsè?

顾客 : 我喜欢米色系列...
　　　Wǒ xǐhuan mǐsè xìliè...

职员 : 不好意思，米色刚刚卖完。这个颜色怎么样?
　　　Bùhǎoyìsi, mǐsè gānggāng màiwán, zhège yánsè zěnmeyàng?

顾客 : 颜色有点儿艳，有没有更素一点儿的颜色?
　　　Yánsè yǒu diǎnr yàn, yǒu méiyǒu gèng sù yìdiǎnr de yánsè?

职员 : 当然有，您看这个棕色怎么样?
　　　Dāngrán yǒu, nín kàn zhège zōngsè zěnmeyàng?

顾客 : 那个颜色不错，就要那个吧。
　　　Nà ge yánsè búcuò, jiù yào nà ge ba.

职员 : 非常感谢，只要这一件吗? 还有没有其他需要的?
　　　Fēicháng gǎnxiè, zhǐyào zhè yíjiàn ma? hái yǒu méiyǒu qítā xūyào de?

顾客 : 今天就只买这个了。
　　　Jīntiān jiù zhǐ mǎi zhège le.

职员 : 好的。结账在这边。
　　　Hǎo de. jiézhàng zài zhèbiān.

해석

직원 : 고객님, 어떤 색상을 좋아하십니까?
고객 : 베이지 계통을 좋아합니다만.
직원 : 죄송한데요, 베이지는 방금 품절되었습니다. 이 색상은 어떠세요?
고객 : 좀 화려하네요. 이것보다 좀 더 수수한 색상은 없나요?
직원 : 물론 있습니다. 이 브라운 색상은 어떠세요?
고객 : 그 색상은 좋네요. 그걸로 하겠습니다.
직원 : 대단히 감사합니다. 이걸로 좋습니까? 그 밖에 필요한 것은 없으십니까?
고객 : 오늘은 이걸로 됐습니다.
직원 : 예, 알겠습니다. 계산은 이쪽으로 오세요.

3) 의류 코너[소재 및 세탁방법]

职员 : 您好, 欢迎光临! 需要什么商品?
Nín hǎo, huānyíng guānglín! xūyào shénme shāngpǐn?

顾客 : 我想买裙子。
Wǒ xiǎng mǎi qúnzi.

职员 : 是您自己穿? 还是送人?
Shì nín zìjǐ chuān? háishì sòng rén?

顾客 : 我自己穿。
Wǒ zìjǐ chuān.

职员 : 请到这边。有棉和涤纶的, 您喜欢哪种面料?
Qǐng dào zhèbiān. yǒu mián hé dílún de. nín gèng xǐhuan nǎ zhǒng?

顾客 : 手感柔和的应该更好吧?
Shǒugǎn róuhé de yīnggāi gèng hǎo ba?

职员 : 那么, 棉会好一些。
Nà me, mián huì hǎo yìxiē.

顾客 : 是嘛, 那吸汗效果哪个更好?
Shì ma, nà xīhàn xiàoguǒ nǎge gèng hǎo?

职员 : 这个, 这件100%纯棉, 吸汗效果要比涤纶好。
Zhège, zhèjiàn bǎifēnzhībǎi chúnmián, xīhàn xiàoguǒ yào bǐ dílún hǎo.

해석

직원 : 안녕하세요. 어서 오세요. 어떤 상품을 찾으세요?
고객 : 스커트를 찾고 있는데요.
직원 : 본인 겁니까? 아니면 선물용입니까?
고객 : 제 거예요.
직원 : 이쪽으로 오세요. 종류는 면과 폴리에스테르가 있는데 어느 쪽 소재가 좋으세요?
고객 : 촉감이 부드러운 것이 좋겠지요?
직원 : 그럼 면 쪽이 좋겠네요.
고객 : 그렇군요. 어느 쪽이 땀 흡수력이 좋습니까?
직원 : 이거예요. 이것은 100% 면이기 때문에 폴리에스테르보다 땀 흡수력이 좋습니다.

顾客 : 衣服要怎么洗呢?
Yīfu yào zěnme xǐ ne?

职员 : 两个都可以水洗。
Liǎng gè dōu kěyǐ shuǐxǐ.

顾客 : 知道了。我试一下棉布料的吧。
Zhīdàole. wǒ shì yíxià mián bùliào de ba.

职员 : 好的。衣服大小呢? 我看小(S)号就可以。
Hǎo de. yīfu dàxiǎo ne? wǒ kàn xiǎo(S) hào jiù kěyǐ.

顾客 : 是的。先试一下小(S)号的吧。
Shì de. xiān shì yíxià xiǎo(S) hào de ba.

职员 : 这个是小(S)号的。客人，试衣间在那边。这边请。
Zhège shì xiǎo(S) hào de. kè rén, shìyījiān zài nàbiān. zhèbiān qǐng.

해석

고객 : 세탁은 어떻게 하면 되나요?
직원 : 양쪽 모두 물세탁은 가능합니다.
고객 : 알겠습니다. 그럼 면 쪽을 입어보고 싶어요.
직원 : 예, 알겠습니다. 사이즈는 어떻게 되시나요? S사이즈가 맞으실 것 같은데요.
고객 : 네 맞아요. 그 사이즈를 우선 입어볼게요.
직원 : 예 이게 S사이즈예요. 고객님, 탈의실은 저쪽입니다. 이쪽으로 오세요.

4) 의류 코너[세탁방법 2]

顾客 : 这件毛衫怎样才能防止收缩呢?
Zhè jiàn máoshān zěnyàng cái néng fángzhǐ shōusuō ne?

职员 : 这件毛衫是100%的羊绒, 所以一定要干洗, 不能水洗。
Zhèjiàn máoshān shì bǎifēnzhībǎi de yángróng, suǒyǐ yídìng yào gānxǐ,
bùnéng shuǐxǐ.

顾客 : 哦, 那这件罩衫怎么防止褪色呢?
Ò, nà zhè jiàn zhàoshān zěnme fángzhǐ tuìsè ne?

职员 : 用凉水洗涤, 还有一定要在阴凉处晒干。
Yòng liángshuǐ xǐdí, Hái yǒu yídìng yào zài yīnliángchù shàigān.

顾客 : 知道了。这件毛衫可以试穿吗?
Zhīdàole, zhè jiàn máoshān kěyǐ shì chuān ma?

职员 : 可以, 试穿的时候请一定戴上一次性面罩。
Kěyǐ, shìchuān de shíhou qǐng yídìng dài shàng yí cì xìng miànzhào.

顾客 : 知道了。试衣间在哪里?
Zhīdàole. shìyījiān zài nǎlǐ?

职员 : 试衣间在那边。这边请。
Shìyījiān zài nàbiān. zhèbiān qǐng.

해석

고객 : 이 스웨터는 수축을 방지하기 위해 어떻게 하면 좋은가요?
직원 : 이 스웨터의 소재는 100% 캐시미어이기 때문에 손빨래가 아니라 반드시 드라이
　　　 클리닝을 하셔야만 합니다.
고객 : 그렇군요. 이 블라우스는 어떻게 하면 탈색을 방지할 수 있나요?
직원 : 찬물로 세탁을 하시면 됩니다. 그리고 이 블라우스는 반드시 그늘에서 말려 주세요.
고객 : 알겠습니다. 이 스웨터를 입어 봐도 될까요?
직원 : 입어보실 때에는 페이스커버를 반드시 이용해주십시오.
고객 : 네, 알겠습니다. 탈의실은 어디인가요?
직원 : 탈의실은 저쪽에 있습니다. 이쪽으로 오세요.

5) 의류 코너[사이즈]

职员 : 大小怎么样?
Dàxiǎo zěnmeyàng?

顾客 : 感觉有点儿紧。可以试一下其他号儿吗? 帮我拿一下大一号的。
Gǎnjué yǒudiǎnr jǐn. kěyǐ shì yíxià qítā hàor ma? bāng wǒ ná yíxià dà yíhào de.

职员 : 是啊。我看也有点儿小。不过, 很抱歉, 中(M)号儿在库里。
Shì a. wǒ kàn yě yǒudiǎnr xiǎo. búguò, hěn bàoqiàn, zhōng(M)hàor zài kùlǐ.

请稍等一下, 我马上去仓库取。
Qǐng shāoděng yíxià, wǒ mǎshàng qù cāngkù qǔ.

顾客 : 知道了, 谢谢!
Zhīdàole, xièxie!

职员 : 让您久等了。这个是中(M)号。请试一下。
Ràng nín jiǔděng le. zhège shì zhōng(M) hào. qǐng shì yíxià.

顾客 : 谢谢!
Xièxie!

职员 : 怎么样?
Zěn me yàng?

顾客 : 大小正合适。就要这个了。
Dàxiǎo zhèng héshì. jiù yào zhège le.

해석

직원 : 사이즈는 어떠세요?
고객 : 조금 끼는데요. 다른 사이즈를 입어 봐도 될까요? 하나 위의 사이즈를 보여주세요.
직원 : 그렇네요. 고객님한테는 약간 작다고 생각됩니다. 그런데, 죄송한데요. M사이즈
는 창고에 있습니다. 잠시만 기다려 주십시오. 빨리 창고에서 가져오겠습니다.
고객 : 네, 알겠습니다. 고마워요.
직원 : 고객님, 오래 기다리셨습니다. 이게 M사이즈입니다. 입어보세요.
고객 : 네, 고마워요.
직원 : 어떠세요?
고객 : 사이즈는 꼭 맞네요. 그럼 이걸로 할게요.

새로 나온 단어

체격 身材 shēncái

자녀분 子女 zǐnǚ

남자아이 男孩 nánhái

여자아이 女孩 nǚhái

면 棉 mián

치마 裙子 qúnzi

스웨터 毛衫 máoshān

캐시미어 羊绒 yángróng

표시 标示 biāoshì

창고 仓库 cāngkù

입어보다 试穿 shìchuān

손빨래 手洗 shǒuxǐ

드라이클리닝 干洗 gānxǐ

물세탁 水洗 shuǐxǐ

셔츠 衬衫 chènshān

블라우스 罩衫 zhàoshān

바지 裤子 kùzi

폴리에스테르 涤纶 dílún

혼방 混纺 hùnfǎng

꼭 끼다 紧 jǐn

재킷 夹克 jiákè

무늬 图案 tú'àn

베스트 세일즈 畅销 chàngxiāo

아이템 商品 shāngpǐn

스카프를 두르다 带围巾 dài wéijīn

멋지다, 근사하다 帅气 shuàiqì

보온성 保温性 bǎowēnxìng

방수성 防水性 fángshuǐxìng

단순하다, 심플하다 简单 jiǎndān

세련 干练 gànliàn

지나치게 길다 过长 guòcháng

신축성 伸缩性 shēnsuōxìng

착용감 穿着感 chuānzhuógǎn

전형적 经典 jīngdiǎn

울 羊毛 yángmáo

따뜻하다 暖和 nuǎnhuo

모양, 형태 款式 kuǎnshì

생각하다 想 xiǎng

페이스커버 头罩 tóuzhào

이용 利用 lìyòng

허리 腰 yāo

올여름 今夏 jīn xià

디자인 设计 shèjì

매년 每年 měinián

땀 흡수 吸汗 xīhàn	세탁 洗衣 xǐyī
상하 上下 shàngxià	탈의실 试衣间 shìyījiān
아동복 儿童服 értóngfú	수축 收缩 shōusuō
추천 推荐 tuījiàn	막다, 방지하다 防止 fángzhǐ
계통 系列 xìliè	탈색, 색이 빠짐 褪色 tuìsè
방금, 지금 막 刚刚 gānggāng	찬물 冷水 lěngshuǐ
화려하다 艳/华丽 yàn/huálì	그늘에서 말림 阴凉处晒干 yīnliángchù shàigān
수수하다 素 sù	

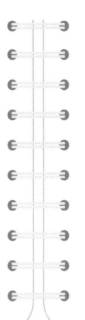

4.7 부티크 코너-넥타이

 기본문형

특별히 찾으시는 브랜드는 있으신지요?

有想好的品牌吗?

Yǒu xiǎnghǎo de pǐnpái ma?

넥타이는 100% 실크입니다.

领带是100%真丝。

Lǐngdài shì bǎifēnzhībǎi zhēnsī.

이 상품은 4가지 색상이 있습니다.

这个商品有四种颜色。

Zhège shāngpǐn yǒu sìzhǒng yánsè.

특별히 좋아하시는 색상이 있으세요?

有特别喜欢的颜色吗?

Yǒu tèbié xǐhuan de yánsè ma?

고객님에게는 이 넥타이가 잘 어울립니다.

您适合带这条领带。

Nín shìhé dài zhè tiáo lǐngdài.

이 상품은 디자인이 세련된 넥타이입니다.

这条领带设计很时尚。

Zhè tiáo lǐngdài shèjì hěn shíshàng.

넥타이를 가슴에 대어 보십시오.

把领带拿到胸前比比看看。

Bǎ lǐngdài ná dào xiōngqián bǐ bǐ kànkan.

이 상품은 고급스러운 느낌의 넥타이입니다.

这条领带显得高贵。

Zhè tiáo lǐngdài xiǎnde gāoguì.

무난해서 요즘 가장 잘 팔리는 넥타이입니다.

设计简约，是最近卖的最好的一款领带。

Shèjì jiǎnyuē, shì zuìjìn mài de zuì hǎo de yìkuǎn lǐngdài.

이 넥타이는 수수하기 때문에 어떤 옷에나 잘 어울립니다.

这条领带设计素净，适合配任何衣服。

Zhè tiáo lǐngdài shèjì sùjìng, shìhé pèi rènhé yīfu.

이 넥타이를 매시면 더 젊어 보이십니다.

系这条领带会显得更年轻。

Jì zhè tiáo lǐngdài huì xiǎnde gèng niánqīng.

이 넥타이는 파란색 와이셔츠와 잘 어울립니다.

这条领带很适合配蓝色衬衫。

Zhè tiáo lǐngdài hěn shìhé pèi lán chènshān.

넥타이의 소재는 거의 실크이며 울 또는 면도 있습니다.

领带面料大部分是真丝，还有部分羊毛和棉。

Lǐngdài miànliào dàbùfen shì zhēnsī, hái yǒu bùfen yángmáo hé mián.

이 넥타이는 계절에 상관없이 맬 수 있는 소재입니다.

这条领带不分季节，四季都可以带。

Zhè tiáo lǐngdài bùfēn jìjié, sìjì dōu kěyǐ dài.

이것은 여름용/겨울용 넥타이입니다.

这条是夏装领带/冬装领带。

Zhè tiáo shì xiàzhuāng lǐngdài/dōngzhuāng lǐngdài.

체격에 따라 본인에게 어울리는 넥타이의 무늬는 달라집니다.

根据身材，适合佩戴的领带花纹也不同。

Gēnjù shēncái, shìhé pèidài de lǐngdài huāwén yě bùtóng.

키가 크고 체격이 좋은 분에게는 큰 무늬가 잘 어울리시고, 키가 작고 마른 분에게는 작은 무늬가 어울리십니다.

个高体壮的人适合大图案，个矮体瘦的人适合小图案。

Gè gāo tǐ zhuàng de rén shìhé dà tú'àn, gè ǎi tǐ shòu de rén shìhé xiǎo tú'àn.

넥타이는 대부분 프린트(print)로 되어 있으며 자카드 제품도 있습니다.

领带大部分是压印产品，还有部分提花产品。

Lǐngdài dàbùfen shì yāyìn chǎnpǐn, háiyǒu bùfen tíhuā chǎnpǐn.

연습해봅시다

1. 특별히 찾으시는 브랜드는 있으신가요?

_____

2. 넥타이는 100% 실크입니다.

_____

3. 특별히 좋아하시는 색상이 있으세요?

_____

4. 이 상품은 디자인이 세련된 넥타이입니다.

_____

5. 이 넥타이는 파란색 와이셔츠와 잘 어울립니다.

_____

6. 넥타이의 소제는 거의 실크이며 울 또는 면도 있습니다.

_____

7. 이 넥타이는 계절에 상관없이 맬 수 있는 소재입니다.

_____

상황회화

职员 : 您好，欢迎光临。客人，送礼的话领带怎么样?
Nínhǎo, huānyíng guānglín. Kèrén, sòng lǐ de huà lǐngdài zěnmeyàng?

顾客 : 你好，能帮我选一下适合配这身西装的领带吗?
Nǐhǎo, néng bāng wǒ xuǎn yíxià shìhé pèi zhèshēn xīzhuāng de lǐngdài ma?

职员 : 好的。胭脂色系列领带应该很配黑色西装，您看这个怎么样?
Hǎo de. yānzhi sè xìliè lǐngdài yīnggāi hěnpèi hēisè xīzhuāng, nín kàn zhège zěnmeyàng?

顾客 : 是夏装领带吗?
Shì xiàzhuāng lǐngdài ma?

职员 : 不是的。因为是100%的纯棉，所以不分季节，四季都可以带。
Búshì de. yīnwèi shì bǎifēnzhībǎi de chúnmián, suǒyǐ bùfēn jìjié, sìjì dōu kěyǐ dài.

해석

직원 : 안녕하세요. 어서 오세요.
고객님, 간단한 선물로 넥타이는 어떠세요?
고객 : 안녕하세요. 이 수트에 어울리는 넥타이를 골라주시겠습니까?
직원 : 예, 알겠습니다. 검정색 수트니까 연지색 계통의 넥타이가 잘 어울릴 것 같은데요.
이것은 어떠세요?
고객 : 여름용인가요?
직원 : 아니요, 소재가 면 100%이므로 계절에 관계없이 맬 수 있습니다.

顾客 : 宽度是不是有点窄?
Kuāndù shìbúshì yǒudiǎn zhǎi?

职员 : 您比较瘦, 所以我觉得窄的领带更适合您。
Nín bǐjiào shòu, suǒyǐ wǒ juéde zhǎi de lǐngdài gèng shìhé nín.

顾客 : 是吗? 那就要那个吧。
Shì ma? nà jiù yào nàge ba.

해석

고객 : 폭이 약간 좁은 거 아닌가요?
직원 : 고객님은 체격이 마른 편이기 때문에 폭이 약간 좁은 것이 잘 어울린다고 생각합니다.
고객 : 정말이에요? 그럼 그걸로 할게요.

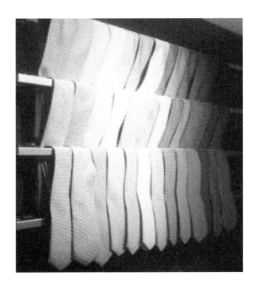

새로 나온 단어

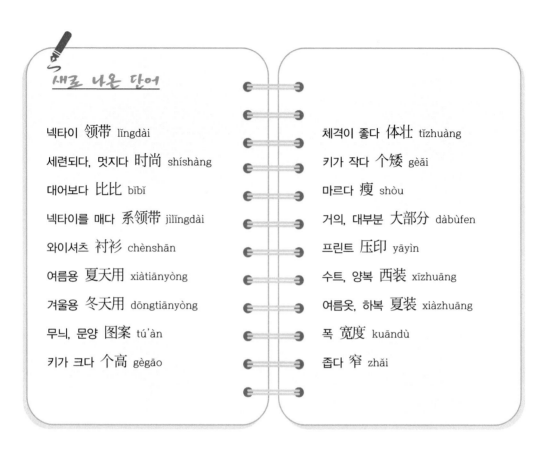

넥타이 领带 lǐngdài

세련되다, 멋지다 时尚 shíshàng

대어보다 比比 bǐbǐ

넥타이를 매다 系领带 jìlǐngdài

와이셔츠 衬衫 chènshān

여름용 夏天用 xiàtiānyòng

겨울용 冬天用 dōngtiānyòng

무늬, 문양 图案 tú'àn

키가 크다 个高 gègāo

체격이 좋다 体壮 tǐzhuàng

키가 작다 个矮 gèǎi

마르다 瘦 shòu

거의, 대부분 大部分 dàbùfen

프린트 压印 yāyìn

수트, 양복 西装 xīzhuāng

여름옷, 하복 夏装 xiàzhuāng

폭 宽度 kuāndù

좁다 窄 zhǎi

4.8 부티크 코너-스카프

 기본문형

이 상품은 여성스러운 느낌의 스카프입니다.

这条围巾显得富有女人味。

Zhè tiáo wéijīn xiǎn de fù yǒu nǚrénwèi.

이 스카프는 100% 실크입니다.

这条围巾是100%真丝。

Zhè tiáo wéijīn shì bǎifēnzhībǎi zhēnsi.

그 머플러는 100% 캐시미어입니다.

那条围脖是100%纯羊绒。

Nà tiáo wéibó shì bǎifēnzhībǎi chún yángróng.

실크 제품이기 때문에 반드시 드라이클리닝을 하셔야만 합니다.

因为是真丝产品, 所以一定要干洗。

Yīnwèi shì zhēnsī chǎnpǐn, suǒyǐ yídìng yào gānxǐ.

이것은 직사각형의 긴 숄이고, 그것은 정사각형의 숄입니다.

这个是长方形的长披肩, 那个是正方形的披肩。

Zhège shì chángfāngxíng de cháng pījiān, nàge shì zhèngfāngxíng de pījiān.

이 숄은 100% 울이며 3가지 색상이 있습니다.

这个披肩100%羊毛，有三种颜色。

Zhège pījiān bǎifēnzhībǎi yángmáo, yǒu sānzhǒng yánsè.

에트로(ERTO) 스카프의 심볼 마크는 페이즐리(paisley) 패턴입니다.

艾特罗(ETRO)围巾的经典标识图案是佩斯利花纹。

Àitèluó wéijīn de jīngdiǎn biāoshí tú'àn shì pèisīlì huāwén.

피부가 밝은 분에게는 밝은 계통이 잘 어울립니다.

肤色白的人适合亮色系列。

Fūsè bái de rén shìhé liàngsè xìliè.

연습해봅시다

1. 이 상품은 여성스러운 느낌의 스카프입니다.

2. 이 스카프는 100% 실크입니다.

3. 그 머플러는 100% 캐시미어입니다.

4. 실크 제품이기 때문에 반드시 드라이클리닝을 하셔야만 합니다.

5. 이것은 직사각형의 긴 숄이고 그것은 정사각형의 숄입니다.

6. 이 숄은 100% 울이며 3가지 색상이 있습니다.

7. 피부가 밝은 분에게는 밝은 계통의 스카프가 잘 어울립니다.

 상황회화

职员 : 你好，欢迎光临。这里是围巾专柜。
Nǐ hǎo, huānyíng guānglín. zhèlǐ shì wéijīn zhuānguì.

顾客 : 你好，想买围巾，有可以推荐的吗?
Nǐ hǎo, xiǎng mǎi wéijīn, yǒu kěyǐ tuījiàn de ma?

职员 : 是您用吗? 还是要送人?
Shì nín yòng ma? háishì yào sòngrén?

顾客 : 我自己要用。
Wǒ zìjǐ yào yòng.

职员 : 有想好的品牌吗?
Yǒu xiǎng hǎo de pǐnpái ma?

顾客 : 没有，没有特别想好的。
Méiyǒu, méiyǒu tèbié xiǎng hǎo de.

职员 : 那么，这条艾特罗围巾怎么样?
Nà me, zhè tiáo Àitèluó wéijīn zěnmeyàng?

해석

직원 : 안녕하세요. 어서 오십시오. 스카프 코너입니다.
고객 : 안녕하세요. 스카프가 필요한데요. 뭔가 좋은 게 있나요?
직원 : 고객님이 사용하실 건가요? 아니면 선물인가요?
고객 : 제가 사용할 거예요.
직원 : 특별히 찾으시는 브랜드는 있으신가요?
고객 : 아니요, 특별히 없어요.
직원 : 그럼 이 에트로 스카프는 어떠신가요?

这款比较有名, 采用了该品牌的经典标识图案佩斯利花纹。

Zhè kuǎn bǐjiào yǒumíng, cǎiyòng le gāi pǐnpái de jīngdiǎn biāoshí tú'àn pèisìlì huāwén.

而且客人您肤色白, 这款很适合您。

Érqiě kèrén nín fūsè bái, zhè kuǎn hěn shìhé nín.

顾客 : 是吗? 那可以水洗吗?

Shì ma? nà kěyǐ shuǐxǐ ma?

职员 : 不可以的。因为是100%真丝, 只能干洗。

Bù kěyǐ de. yīnwèi shì bǎifēnzhībǎi zhēnsī, zhǐ néng gānxǐ.

顾客 : 知道了。就给我那款吧。

Zhīdàole. jiù gěiwǒ nà kuǎn ba.

해석

이 스카프는 이 브랜드의 심볼 마크인 페이즐리 패턴으로 유명합니다.

특히 고객님은 피부톤이 밝기 때문에 이 스카프가 잘 어울릴 것 같습니다.

고객 : 그런가요? 물세탁도 가능한가요?

직원 : 아니요, 이 스카프는 100% 실크이기 때문에 반드시 드라이클리닝을 하셔야만 합니다.

고객 : 네, 알겠습니다. 그럼, 그거 한 장 주세요.

새로 나온 단어

여성스럽다 富有女人味 fùyǒu nǚrénwè

머플러 围脖 wéibó

직사각형 长方形 chángfāngxíng

숄 披肩 pījiān

정사각형 正方形 zhèngfāngxíng

심볼 마크 经典标识图案 jīngdiǎn biāoshí tú'àn

페이즐리 佩斯利 pèisìlì

패턴 花纹 huāwén

밝다 亮 liàng

4.9 부티크 코너-액세서리

 기본문형

액세서리 제품은 쉽게 변색되지 않습니다만, 물에 닿지 않도록 주의해주십시오.

首饰品不易褪色，不过要小心沾到水。

Shǒushìpǐn bú yì tuìsè, búguò yào xiǎoxīn zhān dào shuǐ.

이 상품은 도금 처리했기 때문에 땀에 의해 변색될 수도 있습니다.

该商品做了镀金处理，所以可能会因汗水发生变色。

Gāi shāngpǐn zuò le dùjīn chǔlǐ, suǒyǐ huì yīn hànshuǐ fāshēng biànsè.

금속 알레르기가 있으세요?

有金属过敏吗?

Yǒu jīnshǔ guòmǐn ma?

이 제품의 재질은 실버입니다.

这个是银质产品。

Zhège shì yínzhì chǎnpǐn.

이 목걸이는 금도금입니다.

这个项链是黄金镀金产品。

Zhège xiàngliàn shì huángjīn dùjīn chǎnpǐn.

이 귀걸이는 플래티늄도금입니다.

这个耳环是白金镀金产品。

Zhège ěrhuán shì báijīn dùjīn chǎnpǐn.

이 반지는 18K도금입니다.

这个指环是18K镀金。

Zhège zhǐhuán shì 18K dùjīn.

이 제품은 다이아몬드가 아니라 큐빅입니다.

这款不是钻石，是人造宝石。

Zhè kuǎn búshì zuànshí, shì rén zào bǎoshí.

이 제품은 진짜 보석이 아니라 모조품입니다.

这款不是真宝石，而是仿制品。

Zhè kuǎn búshì zhēn bǎoshí, érshì fǎngzhìpǐn.

실버는 색상이 변하기 때문에 세척이 필요합니다.

银饰品易变色，所以需要清洗。

Yín shìpǐn yì biànsè, suǒyǐ xūyào qīngxǐ.

목걸이의 길이가 긴가요? 짧은가요?

项链的长度长吗？短吗？

Xiàngliàn de chángdù cháng ma? duǎn ma?

변색이 있으면 A/S는 가능합니다.

如有变色可申请售后服务。

Rú yǒu biànsè kě shēnqǐng shòuhòufúwù.

체인과 펜던트는 따로따로 판매하지 않습니다.

项链的链条和链坠不单独销售。

Xiàngliàn de liàntiáo hé liànzhuì bù dāndú xiāoshòu.

목걸이는 물론이고 귀걸이도 착용해보실 수 있습니다.

不仅项链，耳环也可以试戴。

Bù jǐn xiàngliàn, ěrhuán yě kěyǐ shì dài.

남성용 넥타이핀과 커프스 버튼(cuffs button) 세트 상품도 있습니다.

还有男士的领带夹和袖口纽扣套装。

Hái yǒu nánshì de lǐngdàijiá hé xiùkǒuniǔkòu tàozhuāng.

남성분의 선물로 넥타이핀은 어떠세요?

男士礼物送领带夹怎么样?

Nánshì lǐwù sòng lǐngdàijiá zěnmeyàng?

이 상품은 던힐(Dunhill) 넥타이핀으로 던힐의 심볼 마크가 들어간 디자인으로 젊은 세대에게 인기가 있습니다.

这是登喜路的领带夹，设计使用了登喜路的象征图，年轻人很喜欢。

Zhè shì dēngxǐlù de lǐngdàijiá, shèjì shǐyòng le dēngxǐlù de xiàngzhēngtú, niánqīngrén hěn xǐhuan.

연습해봅시다

1. 액세서리 제품은 쉽게 변색되지 않습니다만, 물에 닿지 않도록 주의해주십시오.

_____

2. 이 상품은 도금 처리했기 때문에 땀에 의해 변색될 수도 있습니다.

_____

3. 금속 알레르기가 있으세요?

_____

4. 이 제품의 재질은 실버입니다.

_____

5. 이 목걸이는 금도금입니다.

_____

6. 이 귀걸이는 플래티늄도금입니다.

_____

7. 이 제품은 다이아몬드가 아니라 큐빅입니다.

_____

8. 체인과 펜던트는 따로따로 판매하지 않습니다.

_____

)) 상황회화

职员 : 这里是首饰品专柜。客人，您看这个饰品怎么样？
Zhè lǐ shì shìpǐn zhuānguì. Kèrén, nín kàn zhège shìpǐn zěnmeyàng?

顾客 : 很不错，这个是什么材质的？
Hěn búcuò, zhège shì shénme cáizhì de?

职员 : 这条项链是黄金镀金产品。
Zhè tiáo xiàngliàn shì huángjīn dùjīn chǎnpǐn.

首饰一般不易变色，但做了镀金处理，所以可能会因水或汗发生变色。
Shǒushì yìbān bú yì biànsè, dàn zuòle dùjīn chǔlǐ, suǒyǐ kěnéng huì yīn shuǐ huò hàn fāshēng biànsè.

不过变色的产品，可以申请售后服务。
Búguò biànsè de chǎnpǐn, kěyǐ shēnqǐng shòuhòu fúwù.

顾客 : 那不太好啊。这个耳环是什么材质的？
Nà bútài hǎo a. zhège ěrhuán shì shénme cáizhì de?

해석

직원 : 액세서리 코너입니다.
　　　 고객님, 액세서리는 어떠세요?
고객 : 예쁘네요. 이 상품의 재질은 뭔가요?
직원 : 이 목걸이는 금도금입니다.
　　　 액세서리 제품은 쉽게 변색되지는 않습니다만 도금 처리했기 때문에 물이나 땀
　　　 에 의해 변색될 수도 있습니다.
　　　 그렇지만 색이 변하면 A/S는 가능합니다.
고객 : 그것은 좀 그렇네요. 이 귀걸이의 재질은 무엇인가요?

职员 : 是银。银也会变色, 所以需要清洗。
Shì yín. yín yě huì biànsè, suǒyǐ xūyào qīngxǐ.

顾客 : 耳环可以试戴吗?
Ěrhuán kěyǐ shì dài ma?

职员 : 当然可以。不仅项链, 耳环也可以试戴。
Dāngrán kěyǐ. bùjǐn xiàngliàn, ěrhuán yě kěyǐ shìdài.

해석

직원 : 실버입니다. 실버도 색깔이 변하기 때문에 세척이 필요합니다.
고객 : 귀걸이를 착용해 봐도 되나요?
직원 : 물론입니다. 목걸이뿐만 아니라 귀걸이도 착용할 수 있습니다.

顾客 : 不错啊。问一下刚才看过的项链可以单买项坠吗?

Búcuò a, wèn yíxià gāngcái kànguo de xiàngliàn kěyǐ dān mǎi xiàngzhuì ma?

职员 : 对不起，链条和链坠不单独销售。

Duìbuqǐ, liàntiáo hé liànzhuì bù dāndú xiāoshòu.

顾客 : 知道了。那么项链和耳环我都要了。

Zhīdàole. nàme xiàngliàn hé ěrhuán wǒ dōu yào le.

职员 : 好的。非常感谢!

Hǎo de. fēicháng gǎnxiè!

해석

고객 : 좋네요. 혹시 조금 전 목걸이의 펜던트만은 살 수 없나요?

직원 : 죄송합니다만 체인과 펜던트는 따로따로 판매하지 않습니다.

고객 : 네, 알겠습니다. 그럼 목걸이와 귀걸이 모두 주세요.

직원 : 예, 알겠습니다. 대단히 감사합니다.

새로 나온 단어

액세서리 首饰品 shǒushìpǐn

쉽다, 용이하다 容易 róngyì

변색 变色 biànsè

물에 닿다 沾水 zhānshuǐ

금속 金属 jīnshǔ

알레르기 过敏 guòmǐn

실버 银 yín

목걸이 项链 xiàngliàn

금도금 黄金镀金 huángjīndùjīn

귀걸이 耳环 ěrhuán

플래티늄도금 白金镀金 báijīndùjīn

반지 戒指 jièzhǐ

18K도금 18K镀金 18K dùjīn

다이아몬드 钻石 zuànshí

큐빅 人造宝石 rénzàobǎoshí

진짜 真货 zhēnhuò

보석 宝石 bǎoshí

모조품 仿制品 fǎngzhìpǐn

세척 清洗 qīngxǐ

짧다 短 duǎn

체인 链条 liàntiáo

펜던트 链坠 liànzhuì

착용 试戴 shìdài

넥타이핀 领带夹 lǐngdàijiá

커프스 버튼 袖口装饰扣 xiùkǒu zhuāngshìkòu

4.10 귀금속 코너-보석 및 자수정

 기본문형

목걸이와 세트로 반지도 있습니다.

项链还有配套的戒指。

Xiàngliàn háiyǒu pèitào de jièzhǐ.

이 목걸이에 어울리는 반지/귀걸이도 있습니다.

还有适合配这个项链的戒指/耳环。

Háiyǒu shìhé pèi zhège xiàngliàn de jièzhǐ/ěrhuán.

반지 사이즈는 몇 호입니까?

戒指多大号儿?

Jièzhǐ duōdà hàor?

이 반지는 올해 신상품으로, 디자인이 독특하고 세련되어 매우 인기가 있습니다.

这个戒指是今年新款, 设计独特时尚, 非常受欢迎。

Zhège jièzhǐ shì jīnnián xīnkuǎn, shèjì dútè shíshàng, fēicháng shòu huānyíng.

이 반지를 끼워보시겠습니까?

您要试一下这个戒指吗?

Nín yào shì yíxià zhège jièzhǐ ma?

이어링(earing)입니까? 피어스(pierce)입니까?

是耳环还是耳钉?

Shì ěrhuán háishì ěrdīng?

이 다이아몬드는 커팅이 잘 된 상품입니다.

这个钻石切工做得非常好。

Zhège zuànshí qiēgōng zuò de fēicháng hǎo.

최고의 원석을 사용해서 만든 세팅(setting)이 뛰어난 상품입니다.

采用最上等原石制作的, 镶嵌工艺优秀的产品。

Cǎiyòng zuì shàngděng yuánshí zhìzuò de, xiāngqiàn gōngyì yōuxiù de chǎnpǐn.

여기에 있는 제품은 대부분 플래티늄과 18K로 되어 있습니다.

这里的商品大部分是白金和18K。

Zhè lǐ de shāngpǐn dàbùfen shì báijīn hé 18K.

이 보석은 다이아몬드/루비/사파이어/에메랄드/토파즈/오팔/진주/오닉스입니다.

这个宝石是 钻石/红宝石/蓝宝石/翡翠/黄玉/蛋白石/珍珠/缟玛瑙。

Zhège bǎoshí shì Zuànshí/Hóngbǎoshí/Lánbǎoshí/Fěicuì/Huángyù/Dànbáishí/Zhēnzhū /Gǎomǎnǎo.

이 상품은 보다 품위가 있고 디자인도 멋있습니다.

这个商品显得更高贵, 设计也非常漂亮。

Zhège shāngpǐn xiǎn de gèng gāoguì, shèjì yě fēicháng piàoliang.

수정은 건강에 좋다고 합니다.

都说水晶有益于健康。

Dōu shuō shuǐjīng yǒuyì yú jiànkāng.

자수정은 평화를 상징하는 보석입니다.

紫水晶是象征和平的宝石。

Zǐshuǐjīng shì xiàngzhēng hépíng de bǎoshí.

탄생석을 선물하는 것은 어떻습니까?

送诞生石怎么样?

Sòng dànshēngshí zěnmeyàng?

죄송합니다만, 몇 월생이십니까?

问一下, 几月份出生?

Wèn yíxià, jǐ yuè fèn chūshēng?

이것은 가격도 비싸지 않고 디자인도 예뻐서 인기가 있습니다.

这款价格也不贵, 设计也漂亮, 非常有人气。

Zhè kuǎn jiàgé yě búguì, shèjì yě piàoliang, fēicháng yǒu rénqì.

이것은 해수 진주/담수 진주입니다.

这个是海水珍珠/淡水珍珠。

Zhège shì hǎishuǐ zhēnzhū/dànshuǐ zhēnzhū.

이것은 품질보증서입니다.

这个是品质保证书。

Zhège shì pǐnzhì bǎozhèngshū.

따님 선물용으로 이 팔찌가 잘 어울릴 것 같습니다.

送女儿这个手镯应该很不错。

Sòng nǚ'ér zhège shǒuzhuó yīnggāi hěn búcuò.

연습해봅시다

1. 목걸이와 세트로 반지도 있습니다.

_____

2. 이 목걸이에 어울리는 반지/귀걸이도 있습니다.

_____

3. 반지 사이즈는 몇 호입니까?

_____

4. 이 반지를 끼워보시겠습니까?

_____

5. 이 다이아몬드는 커팅이 잘 된 상품입니다.

_____

6. 자수정은 평화를 상징하는 보석입니다.

_____

7. 죄송합니다만, 몇 월생이십니까?

_____

8. 이것은 품질보증서입니다.

_____

 상황회화

职员 : **欢迎光临, 这里是宝石专柜。**
Huānyíng guānglín, zhèlǐ shì bǎoshí zhuānguì.

顾客 : **你们这里也有塔思琦珍珠吗?**
Nǐmen zhèlǐ yě yǒu Tǎsīqí zhēnzhū ma?

职员 : **当然。要看一下吗? 这边请。**
Dāngrán, yào kàn yíxià ma? zhèbiān qǐng.

顾客 : **好的, 谢谢。**
Hǎo de, xièxie.

职员 : **珍珠, 根据品质和大小有价格差异。这个珍珠不仅品质好光泽也亮, 属于上品。**
Zhēnzhū, gēnjù pǐnzhì hé dàxiǎo yǒu jiàgé chāyì. zhège zhēnzhū bùjǐn pǐnzhì hǎo guāngzé yě liàng, shǔyú shàngpǐn.

顾客 : **哦, 这一款最长的是多大英寸?**
Ò, zhè yìkuǎn zuìcháng de shì duōdà yīngcùn?

해석

직원 : 어서 오세요. 보석 코너입니다.
고객 : 이 면세점에도 다사키(TASAKI) 진주가 있나요?
직원 : 물론입니다. 보여드릴까요? 이쪽으로 오세요.
고객 : 네, 고마워요.
직원 : 진주는 품질과 크기에 따라 가격이 다릅니다. 진주의 경우는 질이 좋은 것만큼
    광택이 좋아서 고급품입니다.
고객 : 그렇군요. 이 타입으로 가장 큰 사이즈는 몇 인치인가요?

职员 : 16英寸。就是这条项链。
Shí liù yīngcùn. jiùshì zhè tiáo xiàngliàn.

顾客 : 戴16英寸脖子会不会有点儿紧？给我看一下大一号的吧。
Dài shíliù yīngcùn bózi huìbúhuì yǒu diǎnr jǐn? gěi wǒ kàn yíxià dà yíhào de ba.

职员 : 好的，这个是18英寸。
Hǎo de, zhège shì shí bā yīngcùn.

해석

직원 : 16인치입니다. 이 목걸이예요.
고객 : 16인치는 목에 좀 끼지 않나요? 한 치수 큰 것으로 보여주세요.
직원 : 예, 알겠습니다. 이게 바로 18인치입니다.

顾客 : 多少钱?
Duōshao qián?

职员 : 550美元。那个还有配套的戒指。
Wǔbǎi wǔshí měiyuán. nàge hái yǒu pèitào de jièzhǐ.

顾客 : 戒指多少钱?
Jièzhǐ duōshao qián?

职员 : 325美元。项链和戒指加起来875美元。
Sānbǎi èrshí wǔ měiyuán. xiàngliàn hé jièzhǐ jiā qǐlái bābǎi qīshí wǔ měiyuán.

顾客 : 塔思琦珍珠是日本品牌，这边比日本便宜吗?
Tǎsīqí zhēnzhū shì Rìběn pǐnpái, zhèbiān bǐ Rìběn piányi ma?

职员 : 是的。塔思琦产地虽是日本，但价格这边比日本稍便宜些。
Shìde. Tǎsīqí chǎndì suī shì Rìběn, dàn jiàgé zhèbiān bǐ Rìběn shāo piányi xiē.

顾客 : 这次就只买项链吧。
Zhè cì jiù zhǐ mǎi xiàngliàn ba.

职员 : 好的，知道了。谢谢您。
Hǎo de, zhīdàole. xièxie nín.

해석

고객 : 이것은 얼마예요?
직원 : 550달러입니다. 그것과 세트로 반지도 있습니다.
고객 : 반지는 얼마인가요?
직원 : 325달러입니다. 목걸이와 반지를 합하면 875달러가 됩니다.
고객 : 다사키 진주는 일본제인데, 일본보다 여기가 더 싼가요?
직원 : 예, 다사키 진주는 원산지가 일본이지만 일본보다는 약간 쌉니다.
고객 : 이번에는 목걸이만 할게요.
직원 : 예, 알겠습니다. 감사합니다.

새로 나온 단어

몇 호 多大号 duōdàhào

독특하다 独特 dútè

반지를 끼다 戴戒指 dài jièzhǐ

피어스 耳钉 ěrdīng

커팅 裁剪 cáijiǎn

최고 最好 zuìhǎo

원석 原石 yuánshí

세팅 镶嵌 xiāngqiàn

수정 水晶 shuǐjīng

자수정 紫水晶 zǐshuǐjīng

평화 和平 hépíng

상징 象征 xiàngzhēng

탄생석 诞生石 dànshēngshí

선물하다 送礼 sònglǐ

몇 월생 几月份出生
　　　　jǐyuèfèn chūshēng

예쁘다 漂亮 piàoliang

해수진주 海水珍珠
　　　　hǎishuǐ zhēnzhū

담수진주 淡水珍珠
　　　　dànshuǐ zhēnzhū

품질보증서 品质保证书
　　　　pǐnzhì bǎozhèngshū

딸 女儿 nǚ'ér

팔찌 手镯 shǒuzhuó

질 品质 pǐnzhì

광택 光泽 guāngzé

인치 英寸 yīngcùn

목 脖子 bózi

원산지 产地 chǎndì

이번 这次 zhècì

4.11 귀금속 코너-시계

 기본문형

이 상품은 오토매틱(자동) 시계/쿼츠(배터리) 시계입니다.
这款是全自动机械表/石英表。
Zhè kuǎn shì quánzìdòng jīxièbiǎo/shíyīngbiǎo.

오토매틱 시계는 쿼츠 시계보다 무겁습니다.
机械表比石英表重。
Jīxièbiǎo bǐ shíyīngbiǎo zhòng.

이 시계는 200미터까지 방수가 가능합니다. 수영할 때 착용해도 괜찮습니다.
这款表防水200米，游泳时也可以佩戴。
Zhè kuǎn biǎo fángshuǐ èrbǎi mǐ, yóuyǒng shí yě kěyǐ pèidài.

이 시계는 100미터 생활방수만 가능합니다. 물에 닿지 않도록 주의해 주십시오.
这款表只能生活防水100米。小心沾到水。
Zhè kuǎn biǎo zhǐnéng shēnghuó fángshuǐ yìbǎi mǐ. xiǎoxīn zhān dào shuǐ.

이 브랜드는 스위스제입니다.
这个是瑞士品牌手表。
Zhège shì ruìshì pǐnpái shǒubiǎo.

이 시계의 보증기간은 1년입니다.

这款手表的保修期是一年。

Zhè kuǎn shǒubiǎo de bǎoxiūqī shì yìnián.

이 제품 안에는 보증서와 설명서가 들어 있습니다.

商品里面有质量保证书和使用说明书。

Shāngpǐn lǐmiàn yǒu zhìliàng bǎozhèngshū hé shǐyòng shuōmíngshū.

이 시계는 사이즈 조절이 가능합니다.

这款表可调整长度。

Zhè kuǎn biǎo kě tiáozhěng cháng dù.

이 시계는 사이즈를 작게 할 수 있습니다.

这款表可缩短长度。

Zhè kuǎn biǎo kě suōduǎn chángdù.

이 시계는 사이즈 조절이 안 됩니다.

这款表不可以调整长度。

Zhè kuǎn biǎo bù kěyǐ tiáozhěng chángdù.

이 시계는 문자판이 야광으로 되어 있어 밤에도 잘 보입니다.

这款表的表盘是夜光, 所以夜间也很清晰。

Zhè kuǎn biǎo de biǎopán shì yèguāng, suǒyǐ yèjiān yě hěn qīngxī.

이 상품은 크로노그래프(chronograph) 시계입니다.

这款是计时功能 (chronograph) 手表。

Zhè kuǎn shì jìshí gōngnéng shǒubiǎo.

이 상품은 내부가 보이는 스켈레톤(skeleton) 시계입니다.

这个是显露表芯各层的镂空手表。

Zhège shì xiǎnlòu biǎoxīn gècéng de lóukōng shǒubiǎo.

시계 유리는 사파이어 크리스탈(sapphire crystal)과 미네랄 글라스(mineral glass)가 있습니다.

手表的镜面有蓝宝石水晶和矿物玻璃两种。

Shǒubiǎo de jìngmiàn yǒu lánbǎoshí shuǐjīng hé kuàngwù bōli liǎngzhǒng.

이 시계는 미네랄 글라스이기 때문에 스크래치가 잘 납니다.

这款表是矿物玻璃，所以容易出现划痕。

Zhè kuǎn biǎo shì kuàngwù bōli, suǒyǐ róngyì chūxiàn huáhén.

사파이어 크리스탈 시계 유리도 사용할 때 긁힘이 생기는 경우가 있습니다.

蓝宝石水晶玻璃表镜，偶尔也会出现划痕。

Lánbǎoshí shuǐjīng bōli biǎojìng, ǒuér yě huì chūxiàn huáhén.

전지의 수명은 1년에서 2년까지입니다.

电池寿命一般是一到两年。

Diànchí shòumìng yìbān shì yī dào liǎngnián.

고객님의 손목 사이즈에 맞게 밴드 조절이 가능합니다.

根据手腕尺寸，可调整表带长度。

Gēnjù shǒuwàn chǐcùn, kě tiáozhěng biǎodài chángdù.

오토매틱 시계이므로 운동할 때에는 풀어놓는 편이 좋습니다.

因为是全自动手表，所以运动时最好摘下来。

Yīnwèi shì quánzìdòng shǒubiǎo, suǒyǐ yùndòng shí zuìhǎo zhāi xiàlái.

이 시계의 밴드는 소가죽/18K/스틸/티타늄/세라믹/악어가죽입니다.

这个表的表带是牛皮/18K/钢/钛合金/陶瓷/鳄鱼皮。

Zhège biǎo de biǎodài shì niúpí/18K/gāng/tàihéjīn/táocí/èyúpí.

이 시계는 18K도금이므로 장기간 사용하면 색깔이 변색될 가능성이 있습니다.

这款表是18K镀金，使用时间长了可能会变色。

Zhè kuǎn biǎo shì 18K dùjīn, shǐyòng shíjiān cháng le kě néng huì biànsè.

这款表，日后可单买表带进行更换。

Zhè kuǎn biǎo, rìhòu kě dān mǎi biǎodài jìnxíng gēnghuàn.

这款表具有防水100米功能和秒表功能。

Zhè kuǎn biǎo jùyǒu fángshuǐ yìbǎi mǐ gōngnéng hé miǎobiǎo gōngnéng.

这款表手动操作，可能会出现故障。

Zhè kuǎn biǎo shǒudòng cāozuò, kěnéng huì chūxiàn gùzhàng.

这个是18K的全自动手表，具有收藏价值。

Zhège shì 18K de quánzìdòng shǒubiǎo, jùyǒu shōucáng jiàzhí.

要想防止变色和变形，一定要远离潮气和水。

Yào xiǎng fángzhǐ biànsè hé biànxíng, yídìng yào yuǎnlí cháoqì hé shuǐ.

这款表通过上弦，调时间和日期。

Zhè kuǎn biǎo tōngguò shàngxián tiáo shíjiān hé rìqī.

这款表惧怕冲击，小心不要掉在地上。

Zhè kuǎn biǎo jùpà chōngjī, xiǎoxīn búyào diào zài dìshang.

您要不要试戴一下这个表?

Nín yào búyào shì dài yíxià zhège biǎo?

A/S센터는 설명서에 적혀 있습니다.

售后服务中心在使用说明书上有标注。

Shòuhòu fúwùzhōngxīn zài shǐyòng shuōmíngshū shang yǒu biāozhù.

이쪽은 여성용 시계이고, 저쪽은 남성용 시계입니다.

这边是女士手表，那边是男士手表。

Zhèbiān shì nǚshì shǒubiǎo, nàbiān shì nánshì shǒubiǎo.

물론 남녀 겸용 시계도 있습니다.

当然还有男女通用手表。

Dāngrán hái yǒu nán nǚ tōngyòng shǒubiǎo.

이 시계의 문자판은 로마자로 되어 있고, 저 시계의 문자판은 아라비아 숫자로 되어 있습니다.

这款表的表盘是罗马文字，那款表的表盘是阿拉伯数字。

Zhè kuǎn biǎo de biǎopán shì luómǎ wénzì, nà kuǎn biǎo de biǎopán shì ālābó shùzì.

이것은 베젤(bezel)과 문자판에 다이아몬드를 넣은 여성용 로렉스(Rolex) 시계입니다.

这是在边框和表盘上镀钻的女士劳力士手表。

Zhè shì zài biānkuàng hé biǎopán shàng dùzuàn de nǚshì Láolìshì shǒubiǎo.

로렉스 시계는 소장할 만한 가치가 있습니다.

劳力士手表很有收藏价值。

Láolìshì shǒubiǎo hěnyǒu shōucáng jiàzhí.

이 시계는 가격도 적당하고 캐주얼과 정장 어디에든 잘 어울리는 실용적인 디자인입니다.

这款手表价格适当，设计实用，休闲装和正装都可以佩戴。

Zhè kuǎn shǒubiǎo jiàgé shìdàng, shèjì shíyòng, xiūxián zhuāng hé zhèngzhuāng dōu kěyǐ pèidài.

최근 이 시계는 베스트 세일즈 아이템입니다.

这是最近最畅销的手表。

Zhè shì zuìjìn zuì chàngxiāo de shǒubiǎo.

연습해봅시다

1. 이 상품은 오토매틱(자동) 시계/쿼츠(배터리) 시계입니다.

   _____

2. 이 시계는 200미터까지 방수가 가능합니다. 수영할 때 착용해도 괜찮습니다.

   _____

3. 이 시계는 100미터 생활방수만 가능합니다. 물에 닿지 않도록 주의해 주십시오.

   _____

4. 이 시계의 보증기간은 1년입니다.

   _____

5. 변색과 변형을 방지하기 위해서는 반드시 습기와 물을 피해 주십시오.

   _____

6. 이 시계는 태엽을 감아서 시간과 날짜를 맞춥니다.

   _____

7. 이 시계는 충격에 약하기 때문에 바닥에 떨어뜨리지 않도록 주의해 주십시오.

   _____

8. 이쪽은 여성용 시계이고, 저쪽은 남성용 시계입니다.

   _____

 상황회화

职员 : 欢迎光临，上午好。这里是手表专柜。
Huānyíng guānglín, shàngwǔ hǎo. zhèlǐ shì shǒubiǎo zhuānguì.

顾客 : 我想随便看看。
Wǒ xiǎng suíbiàn kànkan.

职员 : 好的，您慢慢看.
Hǎode, nín mànman kàn.

顾客 : 不好意思，能给我看一下泰格豪雅吗。
Bùhǎo yìsi, néng gěi wǒ kàn yíxià Tàigéháoyǎ ma.

职员 : 这边请，是您自己戴还是送人？
Zhèbiān qǐng, shì nín zìjǐ dài háishì sòngrén?

顾客 : 要送给儿子。
Yào sòng gěi érzi.

해석

직원 : 어서 오세요. 안녕하세요. 시계 코너입니다.

고객 : 좀 구경해도 되나요?

직원 : 네, 천천히 구경하세요.

고객 : 미안한데요. 태그 호이어(TAG HEUER) 좀 보여주세요.

직원 : 이쪽으로 오세요. 본인이 사용하십니까? 아니면 선물용입니까?

고객 : 아들 선물이에요.

职员： 那有想好的款式吗?
Nà yǒu xiǎnghǎo de kuǎnshì ma?

顾客： 没有特别想好的。
Méiyǒu tèbié xiǎng hǎo de.

职员： 客人，您看这个怎么样? 手表一般100米生活防水,
Kèrén, nín kàn zhège zěnmeyàng? shǒu biǎo yìbān yì bǎi mǐ shēnghuó fángshuǐ,

但这款200米防水，游泳时也可以戴。
Dàn zhè kuǎn èrbǎi mǐ fángshuǐ, yóuyǒng shí yě kěyǐ dài.

瑞士品牌表，表镜是蓝宝石水晶。根据手腕尺寸，可调整表带长度。
Ruìshì pǐnpái biǎo, biǎojìng shì lánbǎoshí shuǐjīng. gēnjù shǒuwàn chǐcùn, kě tiáozhěng biǎodài chángdù.

해석

직원 : 마음에 드는 스타일이라도 있으세요?
고객 : 특별히 없습니다.
직원 : 고객님, 그럼 이것은 어떠세요?
시계는 100미터 생활방수가 일반적인데, 이 시계는 200미터까지 방수가 가능합니다. 수영할 때 착용해도 괜찮습니다. 이 브랜드는 스위스제이고 유리는 사파이어 크리스탈입니다. 손목 사이즈에 맞게 밴드 조절이 가능합니다.

顾客 : 表带只有钢质的吗?
Biǎodài zhǐyǒu gāngzhì de ma?

职员 : 不是的, 还有牛皮和鳄鱼皮等。
Bú shì de, háiyǒu niúpí hé èyúpí děng.

顾客 : 这个表可以换表带吗?
Zhège biǎo kěyǐ huàn biǎodài ma?

职员 : 日后可单买表带进行更换。
Rìhòu kě dān mǎi biǎodài jìnxíng gēnghuàn.

顾客 : 这款表可以换电池吗?
Zhè kuǎn biǎo kěyǐ huàn diànchí ma?

职员 : 可以。电池的寿命一般是一到两年。电池可在售后服务中心更换。
Kěyǐ. diànchí de shòumìng yìbān shì yī dào liǎng nián. diànchí kě zài shòuhòu fúwùzhōngxīn gēnghuàn.

해석

고객 : 밴드는 스틸밖에 없나요?
직원 : 아니요. 그 이외에 소가죽과 악어가죽 등이 있습니다.
고객 : 이 시계는 밴드 교체가 가능한가요?
직원 : 나중에 밴드를 구입하셔서 교체할 수 있습니다.
고객 : 이 시계는 배터리를 교환할 수 있는 건가요?
직원 : 네, 그렇습니다. 배터리 수명은 보통 1년에서 2년까지입니다.
　　　　배터리 교환은 A/S센터에서 가능합니다.

顾客 : 中国也有售后服务中心吗?
Zhōngguó yě yǒu shòuhòu fúwùzhōngxīn ma?

职员 : 当然, 这个是质量保证书, 保修期是一年。
Dāngrán, zhège shì zhìliàngbǎozhèngshū, bǎoxiūqī shì yìnián.

售后服务中心地址在使用说明书上有标注。
Shòuhòu fúwùzhōngxīn dìzhǐ zài shǐyòng shuōmíngshū shang yǒu biāozhù.

顾客 : 质量保证书在中国也有效吗?
Zhìliàng bǎozhèngshū zài zhōngguó yě yǒuxiào ma?

해석

고객 : 중국에도 A/S센터가 있나요?
직원 : 물론입니다. 이것은 보증서입니다. 보증기간은 1년입니다.
　　　 A/S센터의 주소는 설명서에 적혀 있습니다.
고객 : 보증서는 중국에서도 유효한가요?

职员 : 当然，访问售后服务中心一定要带上保证书。
Dāngrán, fǎngwèn shòuhòu fúwù zhōngxīn yídìng yào dàishang bǎozhèngshū.

如果没有保证书，不能申请售后服务，务必保管好。
Rúguǒ méiyǒu bǎozhèngshū, bùnéng shēnqǐng shòuhòufúwù, wùbì bǎoguǎn hǎo.

顾客 : 那，就要这款表吧。
Nà, jiù yào zhè kuǎn biǎo ba.

职员 : 好的。
Hǎo de.

해석

직원 : 물론입니다. A/S센터에 가실 때에는 반드시 보증서가 있어야만 합니다. 보증서가
 없으면 A/S가 불가능하니 잘 보관해주세요.

고객 : 그럼 이 시계로 할게요.

직원 : 감사합니다.

새로 나온 단어

자동 시계 全自动手表 quánzìdòng shǒubiǎo

쿼츠 시계 石英手表 shíyīng shǒubiǎo

무겁다 重 zhòng

방수 防水 fángshuǐ

수영 游泳 yóuyǒng

크로노그래프 시계 计时功能手表 jìshí gōngnéng shǒubiǎo

스켈레톤 시계 镂空手表 lóukōng shǒubiǎo

유리 玻璃 bōli

사파이어 크리스탈 蓝宝石水晶 lánbǎoshí shuǐjīng

미네랄 글라스 矿物玻璃 kuàngwù bōli

스크레치 划痕 huáhén

전지, 배터리 电池 diànchí

수명 寿命 shòumìng

보통 一般 yìbān

운동 运动 yùndòng

풀다, 벗다 摘 zhāi

스틸 钢 gāng

티타늄 钛合金 tàihéjīn

세라믹 陶瓷 táocí

오랫동안, 장기간 长时间 cháng shíjiān

스톱워치 기능 秒表功能 miǎobiǎo gōngnéng

수동 手动 shǒudòng

시계를 차다 戴手表 dài shǒubiǎo

생활방수 生活防水 shēnghuó fángshuǐ

물에 닿다 沾水 zhānshuǐ

문자판 表盘 biǎopán

야광 夜光 yèguāng

조작 操作 cāozuò

기계 机械 jīxiè

고장 故障 gùzhàng

소장 收藏 shōucáng

가치 价值 jiàzhí

변형 变形 biànxíng

습기 潮气 cháoqì

피하다 远离 yuǎnlí

태엽을 감다 上弦 shàngxián

날짜 日期 rìqī

충격 冲击 chōngjī

지면, 바닥 地上 dìshang

떨어드리다 掉(落) diào(luò)

주의 小心 xiǎoxīn

로마자 罗马字 luómǎzì

아라비아 숫자 阿拉伯数字 ālābó shùzì

베젤 边框 biānkuàng

적당하다 适当 shìdàng

유효하다 有效 yǒuxiào

4.12 귀금속 코너–선글라스

 기본문형

선글라스의 가격은 싼 것부터 비싼 것까지 다양하게 구비되어 있습니다.

太阳镜从便宜的到贵的, 样式多种类全。

Tàiyángjìng cóng piányi de dào guì de, yàngshì duō zhǒnglèi quán.

고객님에게는 세련된 디자인이 잘 어울리는 것 같습니다.

我看客人您适合戴这种时尚款。

Wǒ kàn kèrén nín shìhé dài zhèzhǒng shíshàng kuǎn.

선글라스는 등산, 낚시, 수영, 해변 등에서 다양하게 사용됩니다.

登山, 钓鱼, 游泳, 海边游玩, 都会用上太阳镜。

Dēngshān, diàoyú, yóuyǒng, hǎibiān yóu wán, dōu huì yòngshang tàiyángjìng.

이쪽에 다양한 스타일의 선글라스가 있습니다.

这边有各种款式的太阳镜。

Zhè biān yǒu gèzhǒng kuǎnshì de tàiyángjìng.

어떤 형태의 선글라스를 찾으십니까? 예를 들어 라운드, 사각, 크거나 작은 것 중 어떤 테를 원하십니까?

您找什么样式的太阳镜？例如镜框喜欢圆的还是四角的？大的还是小的？

Nín zhǎo shénme yàngshì de tàiyángjìng? lìrú jìngkuàng xǐhuan yuán de háishì sìjiǎo de? dà de háishì xiǎode?

100% 자외선이 차단됩니다.

100%防紫外线。

Bǎifēnzhībǎi fáng zǐwàixiàn.

계절에 관계없이 착용이 가능하며 실내에서도 착용할 수 있는 옅은 색상의 선글라스도 있습니다.

还有不受季节影响，在室内也可以戴的浅色太阳镜。

Hái yǒu bú shòu jìjié yǐngxiǎng, zài shìnèi yě kěyǐ dài de qiǎnsè tàiyángjìng.

이 선글라스는 신상품이기 때문에 세일은 하지 않습니다. 단지 이월상품만 세일을 하고 있습니다.

这是新款，所以不打折。现在只有过季商品做活动。

Zhè shì xīnkuǎn, suǒyǐ bù dǎzhé. xiànzài zhǐ yǒu guòjì shāngpǐn zuò huódòng.

이 선글라스를 착용해보셔도 됩니다.

您可以试戴一下这个太阳镜。

Nín kěyǐ shì dài yíxià zhège tàiyángjìng.

요즘은 테가 큰 선글라스가 유행입니다.

最近流行镜框比较大的太阳镜。

Zuìjìn liúxíng jìngkuàng bǐjiào dà de tàiyángjìng.

테의 색상은 검정색과 브라운이 무난합니다.

镜框颜色黑色和棕色最耐看。

Jìngkuàng yánsè hēisè hé zōngsè zuì nàikàn.

선글라스의 종류는 크게 메탈, 플라스틱, 무테로 나뉩니다.

太阳镜的种类大体上分为金属，塑料和无边型。

Tàiyángjìng de zhǒnglèi dàtīshàng fēnwéi jīnshǔ, sùliào hé wúbiānxíng.

선글라스는 멋으로도 쓰지만 눈을 보호하는 기능도 있습니다.

太阳镜除了饰品功能外, 还有保护眼睛的效果。

Tàiyángjìng chúle shìpǐn gōngnéng wài, háiyǒu bǎohù yǎnjīng de xiàoguǒ.

이것은 세계적으로도 유명한 브랜드인 샤넬/구찌/페라가모 선글라스입니다.

这是全世界有名的品牌香奈儿/古驰/菲拉格慕太阳镜。

Zhè shì quánshìjiè yǒumíng de pǐnpái Xiāngnài'ér/Gǔchí/Gēilāgémù tàiyángjìng.

이 디자인은 고객님의 분위기와 얼굴에 잘 어울립니다.

这一款很适合您的气氛和脸型。

Zhè yìkuǎn hěn shìhé nín de qìfèn hé liǎnxíng.

연습해봅시다

1. 고객님에게는 세련된 디자인이 잘 어울리는 것 같습니다.

_____

2. 선글라스는 등산, 낚시, 수영, 해변 등에서 다양하게 사용됩니다.

_____

3. 어떤 형태의 선글라스를 찾으십니까? 예를 들어 라운드, 사각, 크기가 작은 것 중 어떤
   테를 원하십니까?

_____

4. 100% 자외선이 차단됩니다.

_____

5. 요즘은 테가 큰 선글라스가 유행입니다.

_____

6. 테의 색상은 검정색과 브라운이 무난합니다.

_____

7. 선글라스의 종류는 크게 메탈, 플라스틱, 무테로 나뉩니다.

_____

 상황회화

职员 : 欢迎光临。这里是太阳镜专柜。
Huānyíng guānglín. zhèlǐ shì tàiyángjìng zhuānguì.

顾客 : 我想买自己用的太阳镜。
Wǒ xiǎng mǎi zìjǐ yòng de tàiyángjìng.

职员 : 从便宜的到贵的，样式多种类全。您有特别想好的品牌吗?
Cóng piányi de dào guì de, yàngshì duō zhǒnglèi quán. nín yǒu tèbié xiǎnghǎo
de pǐnpái ma?

顾客 : 想买古驰的太阳镜，有吗?
Xiǎng mǎi Gǔchí de tàiyángjìng, yǒu ma?

职员 : 在这边，请到这边。
Zài zhèbiān, qǐng dào zhèbiān.

顾客 : 好的，谢谢!
Hǎo de, xiè xiè!

해석

직원 : 어서 오세요. 선글라스 코너입니다.
고객 : 제가 사용할 선글라스를 사고 싶은데요.
직원 : 싼 것부터 비싼 것까지 다양한 선글라스가 구비되어 있습니다만, 특별히 찾으시
　　　는 브랜드가 있으세요?
고객 : 구찌 선글라스를 사고 싶은데요. 있나요?
직원 : 예, 이쪽에 있습니다. 이쪽으로 오세요.
고객 : 네, 고마워요.

职员 : 这边有各种款式的太阳镜，您喜欢什么款式呢？
Zhèbiān yǒu gèzhǒng kuǎnshì de tàiyángjìng, nín xǐhuan shénme kuǎnshì ne?

例如镜框喜欢圆的还是四角的？大的还是小的？
Lìrú jìngkuàng xǐhuan yuán de háishì sìjiǎo de? dà de háishì xiǎo de?

顾客 : 你看哪种款式适合我呢？
Nǐ kàn nǎ zhǒng kuǎnshì shìhé wǒ ne?

职员 : 您圆形脸，我觉得这边四角边的适合您。
Nín yuánxíng liǎn, wǒ juéde zhèbiān sìjiǎobiān de shìhé nín.

尤其最近流行大镜框。
Yóuqí zuìjìn liúxíng dà jìngkuàng.

해석

직원 : 이쪽에 다양한 스타일의 선글라스가 있습니다만, 어떤 형태의 선글라스를 찾으십
니까? 예를 들어 라운드, 사각, 크거나 작은 것 중 어떤 테를 원하십니까?
고객 : 어떤 선글라스가 제게 어울릴까요?
직원 : 고객님의 얼굴형은 둥근형이기 때문에 이 사각형 쪽이 어울린다고 생각합니다.
특히 요즘은 큰 테가 유행입니다.

顾客 : 太阳镜的镜框都有哪些呢?
Tàiyángjìng de jìngkuàng dōu yǒu nǎxiē ne?

职员 : 大体上分为金属, 塑料和无边型。最近塑料很有人气。
Dàtǐshàng fēnwéi jīnshǔ, sùliào hé wúbiānxíng. zuìjìn sùliào hěn yǒu rénqì.

您要不要试戴一下这一款?
Nín yàobuyào shì dài yíxià zhè yīkuǎn?

顾客 : 好的, 你看怎么样?
Hǎo de, nǐ kàn zěnmeyàng?

职员 : 我看这种时尚款很适合您。
Wǒ kàn zhèzhǒng shíshàng kuǎn hěn shìhé nín.

顾客 : 颜色只有这一种吗?
Yánsè zhǐyǒu zhè yì zhǒng ma?

职员 : 不是的。镜框颜色有黑色和棕色, 不过黑色更耐看。
Bú shì de. jìngkuàng yánsè yǒu hēisè hé zōngsè. búguò hēisè gèng nàikàn.

顾客 : 不打折吗?
Bù dǎzhé ma?

해석

고객 : 테의 종류에는 어떤 것이 있나요?

직원 : 크게 메탈, 플라스틱, 무테로 나뉩니다. 요즘에는 플라스틱이 인기입니다.
이 상품을 착용해 보시겠습니까?

고객 : 네, 고마워요. 어때요?

직원 : 고객님에게는 세련된 디자인이 잘 어울리는 것 같습니다.

고객 : 색상은 이것밖에 없나요?

직원 : 아니요, 테의 색상은 검정색과 브라운이 있는데 검정색이 더 무난합니다.

고객 : 세일은 안 하나요?

职员 : 这是新商品不打折。只有过季商品在做活动。
Zhè shì xīn shāngpǐn bù dǎzhé. zhǐyǒu guòjì shāngpǐn zài zuò huódòng.

顾客 : 知道了，那就要黑色吧。
Zhīdàole, nà jiù yào hēisè ba.

해석

직원 : 이 선글라스는 신상품이기 때문에 세일은 하지 않습니다.
다만 이월상품만 세일하고 있습니다.
고객 : 네, 알겠습니다. 그럼 검정색으로 하겠습니다.

새로 나온 단어

선글라스 太阳镜/墨镜
   tàiyángjìng/mòjìng

등산 登山/爬山 dēngshān/páshān

낚시 钓鱼 diàoyú

해변 海边 hǎibiān

다양, 여러 가지 多种多样
   duōzhǒng duōyàng

라운드 圆形 yuánxíng

사각, 사각형 四角形 sìjiǎoxíng

테, 프레임 镜框 jìngkuàng

실내 室内 shìnèi

선글라스를 쓰다 戴太阳镜
   dàitàiyángjìng

메탈 金属 jīnshǔ

플라스틱 塑料 sùliào

무테 无边 wúbiān

나누다 分为 fēnwéi

보호 保护 bǎohù

세계적 全世界 quánshìjiè

분위기 围/气氛 qìfèn

얼굴형 脸型 liǎnxíng

둥근형 圆形 yuánxíng

4.13 토산품 코너-인삼

 기본문형

인삼 상품의 종류에는 크게 엑기스, 차, 분말, 캡슐, 사탕 타입이 있습니다.

人参产品种类大体分为浓缩液, 茶, 粉末, 胶囊和糖。

Rénshēn chǎnpǐn zhǒnglèi dàtǐ fēnwéi nóngsuōyè, chá, fěnmò, jiāonáng hé táng.

인삼차는 간단한 선물로도 좋습니다.

送礼送人参茶也不错。

Sònglǐ sòng rénshēn chá yě búcuò.

엑기스는 효능이 매우 좋습니다.

浓缩液的效果非常好。

Nóngsuōyè de xiàoguǒ fēicháng hǎo.

엑기스는 100% 원액이며 특히 당뇨병과 간이 나쁜 분에게 더욱 좋습니다.

浓缩液是100%原汁, 特别适合糖尿病患者和肝功能不好的人服用。

Nóngsuōyè shì bǎifēnzhībǎi yuánzhī, tèbié shìhé tángniàobìng huànzhě hé gān gōngnéng bùhǎo de rén fúyòng.

엑기스는 하루에 2~3회 정도 따뜻한 물에 타서 드세요. 꿀을 넣어 마시면 더욱 효과적입니다.

浓缩液每天用温水冲服2~3次。加蜂蜜饮用效果更佳。

Nóngsuōyè měitiān yòng wēnshuǐ chōngfú liǎng~sān cì, jiā fēngmì yǐnyòng xiàoguǒ
gèng jiā.

캡슐은 가장 간편하게 먹을 수 있는 타입입니다.

胶囊是服用起来最方便的产品。

Jiāonáng shì fúyòng qǐlái zuì fāngbiàn de chǎnpǐn.

분말은 차처럼 타서 마시는 제품입니다.

粉末是像泡茶一样，泡着喝的产品。

Fěnmò shì xiàng pàochá yíyàng, pào zhe hē de chǎnpǐn.

인삼주는 6년 근으로 만들었으며 몸에 아주 좋습니다.

人参酒使用的是六年产人参，有保健功效。

Rénshēnjiǔ shǐyòng de shì liùnián chǎn rénshēn, yǒu bǎojiàn gōngxiào.

연습해봅시다

1. 인삼 상품의 종류에는 크게 엑기스, 차, 분말, 캡슐, 사탕 타입이 있습니다.

2. 인삼차는 간단한 선물로도 좋습니다.

3. 엑기스는 효능이 매우 좋습니다.

4. 엑기스는 하루에 2~3회 정도 따뜻한 물에 타서 드세요.

5. 꿀을 넣어 마시면 더욱 효과적입니다.

6. 캡슐은 가장 간편하게 먹을 수 있는 타입입니다.

7. 분말은 차처럼 타서 마시는 제품입니다.

8. 인삼주는 6년 근으로 만들었으며 몸에 아주 좋습니다.

 상황회화

职员 : 客人，您看人参怎么样?
　　　Kèrén, nín kàn rénshēn zěnmeyàng?

顾客 : 想买点儿礼物，有什么不错的商品吗?
　　　Xiǎng mǎi diǎnr lǐwù, yǒu shénme búcuò de shāngpǐn ma?

职员 : 送礼送人参茶也不错。
　　　Sònglǐ sòng rénshēn chá yě búcuò.

顾客 : 除了那个以外，还有别的吗?
　　　Chúle nàge yǐwài, hái yǒu bié de ma?

职员 : 请到这边来。人参产品种类大体分为浓缩液，茶，粉末，胶囊和糖。
　　　Qǐng dào zhèbiān lái. Rénshēn chǎnpǐn zhǒnglèi dàtǐ fēnwéi nóngsuōyè, chá,
　　　fěnmò, jiāonáng hé táng.

　　　其中浓缩液的功效最好。
　　　Qízhōng nóngsuōyè de gōngxiào zuì hǎo.

　　직원 : 고객님, 인삼은 어떠신가요?
　　고객 : 선물을 사고 싶은데요, 뭐 좋은 거라도 있나요?
　　직원 : 인삼차는 간단한 선물로도 아주 좋습니다.
　　고객 : 그거 이외에 다른 것은 없나요?
　　직원 : 이쪽으로 오세요. 인삼상품의 종류에는 크게 엑기스, 차, 분말, 캡슐, 사탕 타입이
　　　　　있습니다.
　　　　　그중 엑기스가 가장 효능이 좋습니다.

顾客 : 都有什么功效?
　　　Dōu yǒu shénme gōngxiào?

职员 : 浓缩液是100%原汁, 特别适合糖尿病患者和肝功能不好的人服用。
　　　Nóngsuōyè shì bǎifēnzhībǎi yuánzhī, tèbié shìhé tángniàobìng huànzhě hé
　　　gān gōngnéng bùhǎo de rén fúyòng.

　　　每天请用温水冲饮2~3次。
　　　Měitiān qǐng yòng wēnshuǐ chōngyǐn liǎng~sān cì.

顾客 : 是嘛, 那不苦吗?
　　　Shì ma, nà bù kǔ ma?

职员 : 加点蜂蜜饮用, 不苦而且效果也更好。
　　　Jiā diǎn fēngmì yǐnyòng, bù kǔ érqiě xiàoguǒ yě gèng hǎo.

顾客 : 那请给我一瓶浓缩液和两箱人参茶。
　　　Nà qǐng gěi wǒ yìpíng nóngsuōyè hé liǎngxiāng rénshēnchá.

해석

고객 : 어떤 효능이 있나요?

직원 : 엑기스는 100% 원액이며 특히 당뇨와 간이 나쁜 분에게 더욱 좋습니다. 그리고
　　　하루에 2~3회 정도 따뜻한 물에 타서 드세요.

고객 : 그렇군요. 그런데 쓰지 않나요?

직원 : 꿀을 타서 드시면 쓰지 않고 더욱 효과적입니다.

고객 : 그럼 엑기스 1병과 인삼차 2상자 주세요.

새로 나온 단어

인삼 人参 rénshēn

엑기스 浓缩液 nóngsuōyè

차 茶 chá

분말 粉末 fěnmò

캡슐 胶囊 jiāonáng

사탕 糖 táng

인삼차 人参茶 rénshēnchá

효능 功效 gōngxiào

원액 原汁 yuánzhī

당뇨병 糖尿病 tángniàobìng

간 肝 gān

나쁘다 不好 bùhǎo

따뜻한 물 温水 wēnshuǐ

녹이다 冲 chōng

마시다 饮用 yǐnyòng

꿀 蜂蜜 fēngmì

효과적 有功效 yǒugōngxiào

인삼주 人参酒 rénshēnjiǔ

몸 身体 shēntǐ

⟨중국문화 엿보기⟩

중국인은 여름에도 따뜻한 물을 마신다

　한국에서는 계절에 상관없이 차가운 음료를 마시지만 중국인은 사계절 따뜻한 물을 마십니다. 감기에 걸렸을 때는 물론이고 더위를 먹었을 때도 따뜻한 물을 마시는데 이런 생활 습관은 따뜻한 물이 몸에 좋고, 차가운 물은 건강에 좋지 않다고 생각하기 때문입니다. 특히 한여름에도 늘 따뜻한 차나 물을 보온병에 넣어 가지고 다니면서 마십니다. 또한 중국인들이 따뜻한 차를 마시는 것은 기름진 중국음식이 많기 때문이기도 합니다.

4.14 토산품 코너-식품

 기본문형

이 상품은 한국의 전통적인 음식입니다.

这是韩国的传统食品。

Zhè shì hánguó de chuántǒng shípǐn.

김치는 한국을 대표하는 전통적인 식품입니다. 그 밖에 김이나 고추장도 있습니다.

辛奇是代表韩国的传统食品。此外还有海苔和辣椒酱。

Xīnqí shì dàibiǎo hánguó de chuántǒng shípǐn. cǐwài háiyǒu hǎitái hé làjiāojiàng.

김치는 배추김치와 총각김치, 깍두기, 동치미, 파김치가 있습니다.

辛奇种类有辣白菜, 嫩萝卜, 萝卜块, 盐水萝卜和葱辛奇。

Xīnqí zhǒnglèi yǒu là báicài, nèn luóbo, luóbo kuài, yánshuǐ luóbo hé cōng xīnqí.

김치는 진공포장을 해서 드리기 때문에 걱정하지 않으셔도 됩니다.

辛奇会给您做真空包装, 所以不用担心。

Xīnqí huì gěi nín zuò zhēnkōng bāozhuāng, suǒyǐ búyòng dānxīn.

김은 가벼워서 짐도 안 되기 때문에 선물로 인기가 많습니다.

海苔轻, 易携带, 是很受欢迎的送礼产品。

Hǎitái qīng, yì xiédài, shì hěn shòuhuānyíng de sònglǐ chǎnpǐn.

김은 재래김과 돌김이 있습니다.

海苔有传统海苔和岩海苔。

Hǎitái yǒu chuántǒng hǎitái hé yán hǎitái.

김은 비타민과 무기질이 많이 함유되어 있어 성인병 예방과 피부미용에도 효과가 있습니다.

海苔富含多种维生素和矿物质，有助于预防成人疾病和皮肤美容。

Hǎitái fùhán duōzhǒng wéishēngsù hé kuàngwùzhì, yǒu zhùyú yùfáng chéngrén jíbìng hé pífū měiróng.

김은 밥과 함께 드셔도 좋고 술안주로도 좋습니다.

海苔既可以和米饭一起食用，还可以当下酒菜。

Hǎitái jì kěyǐ hé mǐfàn yìqǐ shíyòng, hái kěyǐ dāng xiàjiǔ cài.

유통기한은 겉면 아래에 적혀 있습니다.

保质期标注在外包装底部。

Bǎozhìqī biāozhù zài wài bāozhuāng dǐbù.

한국 전통차인 홍삼차와 유자차도 있습니다.

还有韩国的传统茶红参茶和柚子茶。

Háiyǒu hánguó de chuántǒng chá hóngsēnchá hé yòuzichá.

유자는 비타민C가 풍부하고 감기예방과 피부미용에도 효과가 있습니다.

柚子富含维生素C，有助于预防感冒和皮肤美容。

Yòuzi fùhán wéishēngsù C, yǒu zhùyú yùfáng gǎnmào hé pífū měiróng.

유자차는 꿀이랑 설탕에 절인 유자를 따듯한 물에 타서 마시는 차입니다.

柚子茶是用蜂蜜和白糖腌制的柚子，用温水冲饮即可。

Yòuzichá shì yòng fēngmì hé báitáng yānzhì de yòuzi, yòng wēnshuǐ chōngyǐn jíkě.

삼계탕은 고려인삼과 대추, 밤, 마늘, 찹쌀 등이 들어간 한국의 대표적인 보양음식입니다.

参鸡汤是用高丽人参，大枣，栗子，大蒜，糯米等材料做的韩国的代表性养生滋补饮食。

Shēnjītāng shì yòng gāolìrénshēn, dàzǎo, lìzi, dàsuàn, nuòmǐ děng cáiliào zuò de hánguó de dàibiǎoxìng yǎngshēng zībǔ yǐnshí.

연습해봅시다

1. 이 상품은 한국의 전통적인 음식입니다.

   _____

2. 김치는 한국을 대표하는 전통적인 식품입니다.

   _____

3. 김치는 배추김치와 총각김치, 깍두기, 동치미, 파김치가 있습니다.

   _____

4. 김치는 진공포장을 해서 드리기 때문에 걱정하지 않으셔도 됩니다.

   _____

5. 김은 가벼워서 짐도 안 되기 때문에 선물로 인기가 많습니다.

   _____

6. 김은 재래김과 돌김이 있습니다.

   _____

7. 김은 밥과 함께 드셔도 좋고 술안주로도 좋습니다.

   _____

8. 유통기한은 겉면 아래에 적혀 있습니다.

   _____

 상황회화

职员 : 你好, 欢迎光临。这里有很多种韩国的传统食品。
Nǐ hǎo, huānyíng guānglín. zhèlǐ yǒu hěn duōzhǒng hánguó de chuántǒng shípǐn.

顾客 : 你好, 送礼送什么好呢?
Nǐ hǎo, sòng lǐ sòng shénme hǎo ne?

职员 : 您看辛奇怎么样? 是代表韩国的传统食品, 好吃而且很受欢迎。
Nín kàn xīnqí zěnmeyàng? shì dàibiǎo hánguó de chuántǒng shípǐn, hǎochī érqiě hěn shòu huānyíng.

顾客 : 辛奇种类都有哪些呢?
Xīnqí zhǒnglèi dōu yǒu nǎxiē ne?

职员 : 有辣白菜, 嫩萝卜, 萝卜块儿, 盐水萝卜和葱辛奇。
Yǒu là báicài, nèn luóbo, luóbo kuàir, yánshuǐ luóbo hé cōng xīnqí.

顾客 : 带上飞机会不会有辛奇味儿?
Dài shàng fēijī huìbuhuì yǒu xīnqí wèir?

직원 : 안녕하세요. 어서 오세요. 이쪽에는 한국의 전통적인 음식이 여러 가지가 있습니다.
고객 : 안녕하세요. 선물로 뭐가 좋은가요?
직원 : 김치는 어떠세요? 김치는 한국을 대표하는 전통적인 식품으로 맛이 있어서 인기
　　　가 있습니다.
고객 : 김치종류에는 뭐가 있나요?
직원 : 배추김치와 총각김치, 깍두기, 동치미, 물김치, 파김치가 있습니다.
고객 : 김치 냄새가 나지 않을까요?

职员 : 我们会给您做真空包装，这个您不用担心。
Wǒmen huì gěi nín zuò zhēnkōng bāozhuāng, zhège nín búyòng dānxīn.

顾客 : 那给我一个辣白菜吧。除了辛奇还有什么呢?
Nà gěi wǒ yígè là báicài ba. chúle xīnqí hái yǒu shénme ne?

职员 : 还有海苔和辣椒酱。海苔轻易携带，很受欢迎。海苔有传统海苔和岩海苔。
Hái yǒu hǎitái hé làjiāojiàng. hǎitái qīng yì xiédài, hěn shòuhuānyíng. hǎitái yǒu chuántǒng hǎitái hé yán hǎitái.

顾客 : 海苔有保质期吗?
Hǎitái yǒu bǎozhìqī ma?

职员 : 保质期标注在外包装底部。
Bǎozhìqī biāozhù zài wài bāozhuāng dǐbù.

顾客 : 那, 海苔也来点儿吧。
Nà, hǎitái yě lái diǎnr ba.

해석

직원 : 진공포장을 해서 드리기 때문에 그것은 걱정하지 마십시오.
고객 : 그럼 배추김치 하나 주세요. 그 밖에 뭐가 있나요?
직원 : 김과 고추장도 있습니다. 김은 가벼워서 짐도 안 되기 때문에 선물로 인기가 많습니다. 김의 종류에는 재래김과 돌김 등이 있습니다.
고객 : 김은 언제까지 먹어야 하나요?
직원 : 유통기한은 겉면 아래에 적혀 있습니다.
고객 : 그럼 그것도 주세요.

새로 나온 단어

전통적 传统的 chuántǒngde

음식 饮食 yǐnshí

대표 代表 dàibiǎo

식품 食品 shípǐn

김 海苔 hǎitái

고추장 辣椒酱 làjiāojiàng

배추김치 辣白菜 là báicài

총각김치 嫩萝卜 nènluóbo

깍두기 萝卜块儿 luóbokuàir

동치미 盐水萝卜 yánshuǐ luóbo

물김치 水辛奇 shuǐ xīnqí

파김치 葱辛奇 cōng xīnqí

진공포장 真空包装 zhēnkōng bāozhuāng

재래김 传统海苔 chuántǒng hǎitái

돌김 岩海苔 yán hǎitái

비타민 维生素 wéishēngsù

무기질 矿物质 kuàngwùzhì

성인병 成人疾病 chéngrén jíbìng

예방 预防 yùfáng

미용 美容 měiróng

밥 米饭 mǐfàn

함께, 같이 一起 yìqǐ

드시다 食用/吃 shíyòng/chī

술안주 下酒菜 xiàjiǔcài

겉면 外包装 wài bāozhuāng

전통차 传统茶 chuántǒngchá

홍삼차 红参茶 hóngsēnchá

유자차 柚子茶 yòuzichá

유자 柚子 yòuzi

풍부하다, 풍성하다 丰富/富含 fēngfù/fùhán

감기 感冒 gǎnmào

설탕 白糖 báitáng

절이다 腌制 yānzhì

(물에 타서) 마시다 冲饮 chōngyǐn

삼계탕 参鸡汤 sēnjītāng

고려인삼 高丽人参 gāolìrénshēn

대추 大枣 dàzǎo

밤 栗子 lìzi

마늘 大蒜 dàsuàn

찹쌀 糯米 nuòmǐ

보양 养生滋补 yǎngshēng zībǔ

4.15 담배 및 주류 코너-담배

 기본문형

이것은 이번에 새로 나온 담배입니다.

这是最近新出的香烟。

Zhè shì zuìjìn xīnchū de xiāngyān.

이것은 한국인/일본인/중국인이 가장 좋아하는 담배입니다.

这个是韩国人/日本人/中国人最喜欢的香烟。

Zhège shì hánguórén/rìběnrén/zhōngguórén zuì xǐhuan de xiāngyān.

한국에서는 1인당 1보루까지 면세입니다.

在韩国香烟类每人只限一条免税。

Zài hánguó xiāngyān lèi měirén zhǐxiàn yìtiáo miǎnshuì.

그 이상의 담배를 사신 경우에는 반드시 세관에 신고해서 세금을 납부하셔야만 합니다.

购买规定以上香烟时，必须要申报海关，缴纳关税。

Gòumǎi guīdìng yǐshàng xiāngyān shí, bìxū yào shēnbào hǎiguān, jiǎonà guānshuì.

그것보다 이것이 더 독한/약한 담배입니다.

这个香烟比那个香烟更浓/更淡。

Zhège xiāngyān bǐ nàge xiāngyān gèng nóng/gèng dàn.

이 담배는 맨솔(박하)향입니다.

这个香烟是薄荷(薄荷醇)香。

Zhège xiāngyān shì bòhé(bòhéchún)xiāng.

냄새를 대폭적으로 줄인 담배입니다.

大幅降低烟味儿的香烟。

Dàfú jiàngdī yān wèir de xiāngyān.

여성 고객이 좋아하는 담배입니다.

女姓顾客喜欢的香烟。

Nǚxìng gùkè xǐhuan de xiāngyān.

이 안에는 5갑/10갑이 들어 있습니다.

这个里面有5盒/10盒。

Zhège lǐmiàn yǒu wǔ hé/shí hé.

일반적인 두께의 담배입니다.

普通粗细的香烟。

Pǔtōng cū xì de xiāngyān.

슬림한 타입의 담배입니다.

细支型香烟。

Xìzhī xíng xiāngyān.

5개 모두 메탈케이스입니다.

5个都是金属盒。

Wǔ gè dōu shì jīnshǔ hé.

1개의 메탈케이스와 8개의 종이상자가 들어 있습니다.

装有一个金属盒和8个纸盒。

Zhuāng yǒu yí gè jīnshǔhé hé bā gè zhǐhé.

부드러운 종이상자와 딱딱한 종이상자가 있습니다.

有柔纸盒和硬纸盒。

Yǒu róuzhǐhé hé yìngzhǐhé.

이것은 옆으로 밀어서 여는 케이스입니다.

这个是侧推式烟盒。

Zhège shì cè tuī shì yānhé.

공항에서는 라이터를 판매하지 않습니다.

机场里面不卖打火机。

Jīchǎng lǐmiàn bú mài dǎhuǒjī.

중국에 입국할 때에는 2보루에 한해 면세입니다.

入境中国时，限两条香烟免税。

Rùjìng zhōngguó shí, xiàn liǎng tiáo xiāngyān miǎnshuì.

연습해봅시다

1. 이것은 이번에 새로 나온 담배입니다.

_____

2. 이것은 한국인/일본인/중국인이 가장 좋아하는 담배입니다.

_____

3. 한국에서는 1인당 1보루까지 면세입니다.

_____

4. 그것보다 이것이 더 독한/약한 담배입니다.

_____

5. 여성 고객이 좋아하는 담배입니다.

_____

6. 일반적인 두께의 담배입니다.

_____

7. 공항에서는 라이터를 판매하지 않습니다.

_____

8. 중국에 입국할 때에는 2보루에 한해 면세입니다.

_____

职员 : 欢迎光临, 这里是烟草专柜。您需要什么?
Huānyíng guānglín, zhèlǐ shì yāncǎo zhuānguì. nín xūyào shénme?

顾客 : 你好, 中国人喜欢的香烟是哪种呢?
Nǐ hǎo, zhōngguórén xǐhuan de xiāngyān shì nǎzhǒng ne?

职员 : 您是要中国香烟吗?
Nín shì yào zhōngguó xiāngyān ma?

顾客 : 不是, 韩国香烟。
Bú shì, hánguó xiāngyān.

职员 : 您看这个怎么样? 是最近新出的, 普通厚度的香烟。
Nín kàn zhège zěnmeyàng? shì zuìjìn xīnchū de, pǔtōng hòudù de xiāngyān.

顾客 : 不浓吗?
Bù nóng ma?

해석

직원 : 어서 오세요. 담배 코너입니다. 무엇을 찾으시나요?
고객 : 안녕하세요. 중국인이 좋아하는 담배는 무엇인가요?
직원 : 중국제인가요?
고객 : 아니요, 한국산이요.
직원 : 이것은 어떠세요? 이번에 새로 나온 담배입니다. 일반적인 두께의 담배예요.
고객 : 독하지 않나요?

职员 : 不会, 这个是淡烟, 而且大幅降低了烟味儿。
Bú huì, zhège shì dànyān, érqiě dàfú jiàngdī le yān wèir.

顾客 : 入境中国时可以带几条香烟?
Rù zhōngguó jìng shí kěyǐ dài jǐ tiáo xiāngyān?

职员 : 国外香烟限一条免税, 中国香烟限两条免税。购买规定以上数量,
必须要申报并缴纳关税。
Guówài xiāngyān xiàn yìtiáo miǎnshuì, zhōngguó xiāngyān xiàn liǎngtiáo
miǎnshuì. gòumǎi guīdìng yǐshàng shùliàng, bìxū yào shēnbào bìng jiǎonà
guānshuì.

顾客 : 那给我一条那个香烟吧。
Nà gěi wǒ yìtiáo nàge xiāngyān ba.

해석

직원 : 아니요. 이것은 약한 담배로 냄새를 대폭적으로 줄인 담배입니다. 그래서 여성
고객에게도 사랑받는 담배입니다.
고객 : 중국에 입국할 때 몇 보루까지 면세인가요?
직원 : 외국제품은 1보루, 중국제품은 2보루까지 면세입니다.
그 이상의 담배를 사신 경우에는 반드시 세관에 신고해서 세금을 납부하셔야만
합니다.
고객 : 그럼 그것을 1보루 주세요.

새로 나온 단어

이번 这次 zhècì

담배 香烟 xiāngyān

1인당 每人 měirén

보루 条 tiáo

신고 申报 shēnbào

세금을 물다 缴纳关税 jiǎonà guānshuì

박하 薄荷 bòhé

맨솔 薄荷醇 bòhéchún

냄새 味儿 wèi'ér

대폭적으로 大幅 dàfú

줄이다 降低 jiàngdī

두께 厚度 hòudù

슬림 细支 xìzhī

메탈케이스 金属盒子 jīnshǔ hézi

종이상자 纸盒 zhǐhé

딱딱한, 단단한 硬 yìng

옆 旁边/侧 pángbiān/cè

밀다 推 tuī

열다 打开 dǎkāi

라이터 打火机 dǎhuǒjī

입국 入境 rùjìng

외국제 国外品牌 guówài pǐnpái

중국제 中国品牌 zhōngguó pǐnpái

한국제 韩国品牌 hánguó pǐnpái

4.16 담배 및 주류 코너-주류

 기본문형

이것은 스코틀랜드 스카치 위스키입니다.

这个是苏格兰威士忌酒。
Zhège shì sūgélán wēishìjì jiǔ.

알코올 도수는 20/30/40도입니다.

酒精度数为20度/30度/40度。
Jiǔjīng dùshù wéi èrshí dù/sānshí dù/sìshí dù.

용량은 500ml, 700ml, 1L가 있습니다.

容量有500毫升, 700毫升, 1000毫升。
Róngliàng yǒu wǔbǎi háoshēng, qībǎi háoshēng, yìqiān háoshēng.

술은 12년/17년/30년산이 있습니다.

酒有12年/17年/30年产。
Jiǔ yǒu shí'èr nián/shíqī nián/sānshí nián chǎn.

2병이 세트로 되어 있어 단품보다 더욱 저렴합니다.

两瓶装套装, 比单瓶装价格更实惠。
Liǎngpíng zhuāng tàozhuāng, bǐ dānpíng zhuāng jiàgé gèng shíhuì.

이것은 미니어처가 5개 들어있는 세트 상품입니다.

这个是装有5个小瓶的套装礼盒。

Zhège shì zhuāng yǒu wǔ gè xiǎo píng de tàozhuāng lǐhé.

연도에 따라 가격이 다릅니다.

根据年份价格也不同。

Gēnjù nián fèn jiàgé yě bùtóng.

이 술은 한정판입니다.

这个酒是限量版。

Zhège jiǔ shì xiànliàngbǎn.

이 술은 면세점 단독판매 상품입니다.

这个酒是免税店独家销售商品。

Zhège jiǔ shì miǎnshuìdiàn dújiā xiāoshòu shāngpǐn.

이 술은 마실 때의 느낌이 부드럽고 향이 풍부합니다.

这个酒口感柔和，且富有香味。

Zhège jiǔ kǒugǎn róuhé, qiě fùyǒu xiāngwèi.

이 술은 약간 단맛이 나기 때문에 순하게 드실 수 있습니다.

这个酒有点儿甜味，是淡性酒。

Zhège jiǔ yǒu diǎnr tiánwèi, shì dànxìng jiǔ.

이 술은 맛이 쓰고 강합니다.

这个酒味苦而且比较烈。

Zhège jiǔ wèi kǔ érqiě bǐjiào liè.

이 술은 맛이 순합니다.

这个酒味道比较淡。

Zhège jiǔ wèidao bǐjiào dàn.

술은 오래 숙성시키면 시킬수록 맛과 향이 더욱 좋습니다.

酒发酵时间越长，其味道和酒香越浓。

Jiǔ fājiào shíjiān yuè cháng, qí wèidao hé jiǔ xiāng yuè nóng.

위스키의 주원료는 보리이며 대부분 블랜디드 위스키입니다.

威士忌的主原料是大麦，而且大部分是混合威士忌。

Wēishìjì de zhǔ yuánliào shì dàmài, érqiě dàbùfen shì hùnhé wēishìjì.

여성들이 좋아하는 양주입니다.

是女士喜欢的洋酒。

Shì nǚshì xǐhuan de yángjiǔ.

술은 차갑게 해서 마시면 맛이 더욱 좋습니다.

酒冰镇后饮用味道更好。

Jiǔ bīngzhèn hòu yǐnyòng wèidao gèng hǎo.

얼음을 넣어 마셔도 좋습니다.

加冰块儿饮用也不错。

Jiā bīngkuàir yǐnyòng yě bú cuò.

오렌지 주스와 섞어도 좋습니다.

加橙汁饮用也好。

Jiā chéngzhī yǐnyòng yě hǎo.

온더록으로 마셔도 좋고 소다워터와 섞어도 좋습니다.

加冰饮用也好与苏打水混合饮用也好。

Jiā bīng yǐnyòng yě hǎo yǔ sūdǎshuǐ hùnhé yǐnyòng yě hǎo.

병이 예뻐서 장식용으로 사용해도 좋습니다.

这个瓶子还可以当装饰品使用。

Zhège píngzi hái kěyǐ dāng zhuāngshìpǐn shǐyòng.

이것은 프랑스산/이탈리아산/호주산/미국산/캐나다산/포르투갈산 와인입니다.

这个葡萄酒是法国产/意大利产/澳大利亚产/美国产/加拿大产/葡萄牙产。

zhège pútáojiǔ shì Fǎguóchǎn/Yìdàlìchǎn/Àodàlìyàchǎn/Měiguóchǎn/Jiānádàchǎn/Pútáoyáchǎn.

와인은 맛이 떫은맛과 단맛 2종류가 있습니다.

葡萄酒有涩味儿和甜味儿两种口味。

Pútáojiǔ yǒu sèwèir hé tiánwèir liǎng zhǒng kǒu wèi.

저희 면세점에서는 다양한 종류의 와인을 판매하고 있습니다.

我们免税店销售很多种葡萄酒。

Wǒmen miǎnshuìdiàn xiāoshòu hěnduō zhǒng pútáojiǔ.

이것은 1등급 와인입니다.

这个是上等品葡萄酒。

Zhège shì shàngděngpǐn pútáojiǔ.

이것은 적포도주/백포도주/스파클링 와인입니다.

这个是红葡萄酒/白葡萄酒/气泡葡萄酒。

Zhège shì hóng pútáojiǔ/bái pútáojiǔ/qìpào pútáojiǔ.

아이스 와인은 캐나다산이 가장 유명합니다.

冰葡萄酒最有名的是加拿大产。

Bīng pútáojiǔ zuì yǒumíng de shì jiānádà chǎn.

탄닌이 강해 떫은맛이 나는 와인입니다.

这个葡萄酒丹宁酸比较强，有涩味。

Zhège pútáojiǔ dānníngsuān bǐjiào qiáng, yǒu sè wèi.

단맛이 강해 술을 못 마시는 분에게 추천해드립니다.

甜味儿比较强，推荐给不怎么能喝酒的人士。

Tián wèir bǐjiào qiáng, tuījiàn gěi bù zěnme néng hējiǔ de rénshì.

포르투갈 와인은 오랫동안 두고 마셔도 무방하며 알코올 도수는 높은 편입니다.

葡萄牙产葡萄酒可长期存放饮用，酒精度数也比较高。

Pútáoyá chǎn pútáojiǔ kě chángqī cúnfàng yǐnyòng, jiǔjīng dùshù yě bǐjiào gāo.

프랑스 와인은 보르도 지역과 부르고뉴 지역의 와인으로 나뉩니다.

法国产葡萄酒分为波尔多地区葡萄酒和勃艮第地区葡萄酒。

Fǎguó chǎn pútáo jiǔ fēnwéi bō'ěrduō dìqū pútáojiǔ hé bógèndì dìqū pútáojiǔ.

와인은 프랑스산이 가장 유명하지만 미국, 호주, 칠레, 스페인 와인도 인기가 있습니다.

葡萄酒法国产最有名，不过美国，澳大利亚，智利，西班牙的葡萄酒也很受欢迎。

Pútáojiǔ Fǎguó chǎn zuì yǒumíng, búguò Měiguó, Àodàlìyà, Zhìlì, Xībānyá de pútáojiǔ yě hěn shòu huānyíng.

이 와인은 상큼하고 청량감이 뛰어납니다.

这个葡萄酒爽口，清凉感也非常好。

Zhège pútáojiǔ shuǎngkǒu, qīngliánggǎn yě fēicháng hǎo.

꽃향기와 과일 아로마가 복합적으로 조화가 잘 어우러져 있습니다.

花香和水果的芳香融合得非常好。

Huāxiāng hé shuǐguǒ de fāngxiāng rónghé de fēicháng hǎo.

술은 1인당 1병까지 면세입니다.

酒类每人只限一瓶免税。

Jiǔlèi měi rén zhǐ xiàn yì píng miǎnshuì.

이 술을 사시면 가방을 사은품으로 드립니다. 술은 가방 안에 넣겠습니다.

现在购买这个酒，免费赠送包。酒就给您放在包里了。

Xiànzài gòumǎi zhège jiǔ, miǎnfèi zèngsòng bāo. jiǔ jiù gěinín fàngzài bāolǐ le.

이것은 한국의 전통주인 소주/막걸리/산삼주/백세주입니다.

这个是韩国的传统酒(烧酒)。(米酒，山参酒，百岁酒)

Zhège shì hánguó de chuántǒng jiǔ(shāojiǔ). (mǐjiǔ, shānsēnjiǔ, bǎisuìjiǔ)

같은 술이지만 다양한 종류의 병에 담겨 있습니다.

酒是同一种酒，但是装在了不同的酒瓶里。

Jiǔ shì tóng yìzhǒng jiǔ, dànshì zhuāng zài le bùtóng de jiǔpíng li.

이 술은 한국의 전통적인 도자기병에 들어 있어 매우 한국적이고 고급스럽습니다.

这个酒的酒瓶是韩国的传统陶瓷瓶，富有韩国色彩，显得高贵。

Zhège jiǔ de jiǔpíng shì hánguó de chuántǒng táocípíng, fùyǒu hánguó sècǎi, xiǎn de gāoguì.

드시기 전에 반드시 흔들어주세요.

饮用前请务必摇晃一下。

Yǐnyòng qián qǐng wùbì yáohuàng yíxià.

복분자주는 복분자로 만들어진 과실주입니다.

覆盆子酒是用覆盆子酿制的果实酒。

Fùpénzi jiǔ shì yòng fùpénzi niàngzhì de guǒshíjiǔ.

요즘은 막걸리에 탄산을 넣어서 술을 잘 못 마시는 분이나 젊은 여성분들에게 인기가 많습니다.

最近米酒中也加了碳酸，所以不能喝酒的人还有年轻女士都非常喜欢。

Zuìjìn mǐjiǔ zhōng yě jiā le tànsuān, suǒyǐ bù néng hējiǔ de rén háiyǒu niánqīng nǚshì dōu fēicháng xǐhuan.

연습해봅시다

1. 이것은 스코틀랜드 스카치 위스키입니다.

   _____

2. 용량은 500ml, 700ml, 1L가 있습니다.

   _____

3. 술은 12년, 17년, 30년산이 있습니다.

   _____

4. 이 술은 한정판입니다.

   _____

5. 술은 오래 숙성시키면 시킬수록 맛과 향이 더욱 좋습니다.

   _____

6. 이 와인은 상큼하고 청량감이 뛰어납니다.

   _____

7. 술은 1인당 1병까지 면세입니다.

   _____

8. 드시기 전에 반드시 흔들어주세요.

   _____

 상황회화

职员 : 欢迎光临。您需要什么？
Huānyíng guānglín. nín xūyào shénme?

顾客 : 我想买一瓶威士忌酒。
Wǒ xiǎng mǎi yìpíng wēishìjìjiǔ.

职员 : 这边请! 这个是苏格兰威士忌。威士忌的主原料是大麦, 而且大部分
为混合威士忌。
Zhèbiān qǐng! zhège shì sūgélán wēishìjì. wēishìjì de zhǔ yuánliào shì dàmài,
érqiě dàbùfen wéi hùnhé wēishìjì.

容量有500毫升, 700毫升, 1000毫升。容量越大价格越实惠。
Róngliàng yǒu wǔbǎi háoshēng, qībǎi háoshēng, yìqiān háoshēng. róngliàng
yuè dà jiàgé yuè shíhuì.

顾客 : 是嘛, 那年份都相同吗？
Shì ma, nà niánfèn dōu xiāngtóng ma?

职员 : 不是, 按年份价格也不同。有12年, 17年, 30年的。
Bú shì, àn niánfèn jiàgé yě bùtóng. yǒu shí'èr nián, shíqī nián, sānshí nián de.

当然30年的价格也最贵。酒发酵时间越长味道和酒香越浓。
Dāngrán sānshí nián de jiàgé yě zuìguì. jiǔ fājiào shíjiān yuè cháng wèidao
hé jiǔxiāng yuè nóng.

해석

직원 : 어서 오세요. 무엇을 찾으세요?

고객 : 위스키를 한 병 사고 싶은데요.

직원 : 네, 이쪽으로 오세요. 이것은 스코틀랜드 스카치 위스키입니다.
위스키의 주원료는 보리이며 대부분 블랜디드 위스키입니다.
용량은 500ml, 700ml, 1L가 있습니다. 용량이 크면 클수록 저렴합니다.

고객 : 그렇군요. 연도는 전부 같나요?

직원 : 아니요. 연도에 따라 가격이 다릅니다. 12년, 17년, 30년산이 있습니다. 물론 30년
산이 비쌉니다. 술은 오래 숙성시키면 시킬수록 맛과 향이 더욱 좋습니다.

顾客 : 味道怎么样?
Wèidao zěnme yàng?

职员 : 这个酒口感柔和而且酒香也丰富。
Zhège jiǔ kǒugǎn róuhé érqiě jiǔxiāng yě fēngfù.

还有是两瓶装套装, 比单瓶装价格更实惠。
Hái yǒu shì liǎngpíng zhuāng tàozhuāng, bǐ dānpíng zhuāng jiàgé gèng shíhuì.

顾客 : 还是要一个单瓶的17年产吧。我再看一下葡萄酒。
Háishì yào yígè dānpíng de shíqī nián chǎn ba. wǒ zài kàn yíxià pútáojiǔ.

职员 : 客人, 酒类每人只限一瓶免税。没关系吗?
Kèrén, jiǔ lèi měirén zhǐxiàn yìpíng miǎnshuì. méiguānxi ma?

顾客 : 是吗? 那就不看了。
Shì ma? nà jiù bú kàn le.

해석

고객 : 맛은 어떤가요?
직원 : 이 술은 마실 때의 느낌이 부드럽고 향이 풍부합니다.
　　　 그리고 이것은 2병이 세트로 되어 있어 단품보다 저렴합니다.
고객 : 그냥 단품으로 17년산을 1병 주세요. 와인도 보여주시겠어요?
직원 : 고객님, 술은 1인당 1병까지 면세입니다. 괜찮으시겠어요?
고객 : 그래요? 그럼 이걸로 됐습니다.

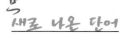
새로 나온 단어

스코틀랜드 苏格兰 sūgélán

스카치 위스키 苏格兰威士忌
sūgélán wēishìjì

알코올 酒精 jiǔjīng

도수 度数 dùshù

연도 年份 niánfèn

한정판 限量版 xiànliàngbǎn

단독판매 独家销售 dújiā xiāoshòu

마시는 느낌 口感 kǒugǎn

부드럽다 柔 róu

단맛 甜味 tiánwèi

순하다 淡 dàn

맛 味道 wèidao

숙성 发酵 fājiào

원료 原料 yuánliào

보리 大麦 dàmài

블랜디드 위스키 混合威士忌
hùnhé wēishìjì

양주 洋酒 yángjiǔ

차게 하다 冰镇 bīngzhèn

얼음 冰 bīng

오렌지 주스 橙汁 chéngzhī

온더록 加冰饮用 jiābīngyǐnyòng

소다워터 苏打水 sūdǎshuǐ

병 瓶 píng

장식용 装饰用 zhuāngshìyòng

와인 葡萄酒 pútáojiǔ

떫은맛 涩味 sè wèi

1등급 上等品 shàngděngpǐn

적포도주 红葡萄酒 hóng pútáojiǔ

백포도주 白葡萄酒 bái pútáojiǔ

스파클링 와인 气泡葡萄酒
qìpào pútáojiǔ

아이스 와인 冰葡萄酒
bīng pútáojiǔ

탄닌 丹宁酸 dānníngsuān

서투름, 잘 못함 不擅长
búshàncháng

지역 地区 dìqū

상큼하다 爽口 shuǎngkǒu

청량감 清凉感 qīngliánggǎn

꽃향기 花香 huāxiāng

과일 水果 shuǐguǒ

아로마 芳香 fāngxiāng

조화 协调 xiétiáo

전통주 传统酒 chuántǒngjiǔ

소주 烧酒 shāojiǔ

막걸리 米酒 mǐjiǔ

산삼주 山参酒 shānsēn jiǔ

백세주 百岁酒 bǎisuì jiǔ

도자기 陶瓷 táocí

흔들다 摇晃 yáohuàng

복분자주 覆盆子酒 fùpénzi jiǔ

과실주 果实酒 guǒshí jiǔ

탄산 碳酸 tànsuān

괜찮다 没关系 méiguānxi

<중국문화 엿보기>

중국의 국경일

①원단(元旦, yuándàn)	양력 1월 1일	앞뒤 3~4일 휴무
②춘절(春节, chūnjié)	음력 1월 1일	7일 휴무
③청명절(清明节, qīngmíngjié)	양력 4월 5일	앞뒤 2~3일 휴무
④노동절(劳动节, láodòngjié)	양력 5월 1일	3일 휴무
⑤단오절(端午节, duānwǔjié)	음력 5월 5일	3일 휴무
⑥중추절(中秋节, zhōngqiūjié)	음력 8월 15일	앞뒤 3일 휴무
⑦국경절(国庆节, guóqìngjié)	양력 10월 1일	7일 휴무

면세점 탐방

<부록>
면세점 탐방

1. 면세점(DUTY FREE SHOP)의 정의

출국하는 여행자를 대상으로 하여 외국물품을 판매할 수 있는 보세구역인 면세점에서 구입한 물건을 외국에서 소비하여 국내로 반입하지 않는 것을 조건으로, 상품매매 시 내국세(TAX)와 관세(TARIFF)를 면제해주는 것을 의미한다.

2. 면세점의 역사

한국에 처음부터 면세점이 있었던 것은 아니다. 1979년 국제관광공사가 외국인 관광객의 쇼핑 편의를 도모하기 위해 시내면세점에 2개를 설립한 것이 시초가 되었다. 그후 1986년 아시안게임과 1988년 서울 올림픽의 개최를 계기로 면세점이 34개로 증가되었다. 그중 29개가 시내면세점에 자리를 잡게 되었다. 그러나 1990년대 경제위기로 외국인 관광객의 감소로 인해 1999년에는 20개로 대폭 감소되었다. 즉 시내면세점의 경우 29개에서 11개로 줄어들었다. 그러나 2010년 한류열풍으로 인해 중소·중견기업의 특허권 확대로 현재 40개로 증가되었다. 2016년 기준으로 47개의 면세점이 특허권을 보유하고 있다.

3. 면세점의 종류와 소재지 - 2021년 기준

1) 시내면세점

서울	신라면세점(장충동점), 롯데면세점(명동본점, 코엑스점, 월드타워점, 부산점, 제주점), 동화면세점(광화문점), 신라아이파크면세점(용산점), 신세계면세점(명동점), 현대백화점면세점(동대문점, 무역센터점)
부산	롯데면세점, 신세계면세점
제주	롯데면세점, 신라면세점
대구	그랜드면세점

2) 출국장면세점

출국장면세점	인천공항	T1	신세계면세점, 현대백화점면세점, 경복궁면세점, 그랜드면세점, 판판면세점
		T2*	롯데면세점, 신라면세점, 신세계면세점, 경복궁면세점, 시티면세점, 판판면세점
	김포공항		롯데면세점, 신라면세점
	김해공항		롯데면세점
	대구공항		그랜드면세점
	제주공항		JDC면세점, 신라면세점
	제주항		JDC면세점

---

* T1은 Terminal 1을, T2는 Terminal 2를 의미한다.

4. 면세점의 개·폐점시간

1) 시내면세점의 영업시간(오전 9시~오후 21시)

① 직원의 근무시간 및 스케줄

- A조 : 9시~18시
- B조 : 10시 30분~19시 30분
- C조 : 11시~20시
- D조 : 12시~21시

2) 출국장면세점(인천공항)의 영업시간

① 직원의 근무시간 및 스케줄

인천공항 T1	인천공항 T2
• A조 : 6시 20분~15시 10분 • B조 : 9시 30분~18시 30분 • C조 : 12시 30분~21시 30분	• A조 : 6시 30분~15시 30분 • B조 : 9시~18시 • C조 : 12시 30분~21시 30분

＊ 면세점마다 개·폐점시간 및 직원의 근무시간과 스케줄은 차이가 있을 수 있다.
＊ 출국장 면세점의 경우 직원들의 스케줄에 맞게 셔틀버스를 운행하고 있다.

5. 여권의 정의

- 해외여행을 하는 사람이면 누구나 소지해야만 하는 가장 기초적인 신분증
- 여권 소지자의 소속 국가가 자국민임을 확인해주는 증명서
- 해외여행에 아무런 문제가 없음을 증명해주는 공식적인 문서

6. 여권의 종류

PM (Multiple)	일반복수여권 (5년·10년)	대한민국 국적을 보유한 모든 국민이 발급받을 수 있는 여권
PS (Single)	일반단수여권 (1년 안에 1회만 사용가능)	
PO (Official)	관용여권	여행목적과 신분에 따라 외교부장관이 발급에 필요하다고 판단되는 자에게 발급하는 여권
PD (Diplomatic)	외교관여권	외교업무 및 국제통상을 목적으로 국외를 여행하는 공무원을 위해 발급되는 여권으로 외교관 이외에 배우자, 자녀 등 기타 기능직 공무원을 제외한 재외공관에 근무하는 현역 군인에게도 발급되는 여권
PT (Trevel Certificate)	여행증명서(출국지에서 여권을 분실했을 경우 재외공관에서 임시로 발급받는 신분증명서)	출국하는 무국적자나 여권분실 등의 긴급하거나 부득이한 경우 외교부장관이 여권을 대신하여 발급해주는 증명서
PR (Resident)	교포여권	외교부장관에게 해외이주 신고를 한 해외이주자의 거주목적의 여권

7. 여권 구분의 중요성

구분	국적	비고(구분)
PM	KOR (한국인)	• 여권 TYPE난에 PM으로 표기되어 있음 • PERMANENT RESIDENT CARD 소지자 • 여권VISA증에 임시영주권을 취득한 경우 • 영주허가증이 있는 경우도 포함
PR	RST (교포)	• 여권 TYPE난에 PR로 표기되어 있음 • 영주할 목적으로 외국에 거주하고 있는 경우

* 면세점의 경우 내국인과 교포의 구매한도액이 다르기 때문에 PM인지 PR인지 여권의 구분은 필수이다.

8. 면세점에서 사용되는 화폐의 종류

 달러($)

💰 원(₩)

💰 위안(元)

💰 엔(¥)

유로(€) — 출국장 면세점인 인천공항과 김포공항에서만 사용가능

9. 면세점 이용안내

1) 상품수령 및 상품인도 안내

- 구입한 상품은 면세품으로서 직접 가지고 갈 수 없으며 한국의 출국공항 인도장으로 운송하기 때문에 출국수속을 마친 후 탑승 전에 공항 인도장에서 직원에게 여권과 교환권, 탑승권을 보여준 후에 상품과 교환할 수 있다.

2) 항공티켓 및 여권지참 안내

- 출국하는 본인이 여권을 소지한 후 출국정보(출국날짜, 시간, 공항, 편명)를 반드시 알아야만 쇼핑이 가능하다.

3) 면세점 이용가능 고객안내

구분	내용
판매대상	출국예정 내/외국인, 교포 및 장기체류 외국인
판매조건	출국하는 본인의 여권과 전자티켓 지참(예약내용 확인자료)

*면세품 구매대행은 관세법 위반사항임.

4) 면세품의 구매한도액과 반입한도액 안내

	수입품 1인당 구매한도액	토산품 1인당 구매한도액
내국인	$5000 - 토산품 제외	한도액 없음
교포 및 외국인	한도액 없음	한도액 없음

	면세품 반입한도액(수입품과 토산품을 합산한 금액)
내국인, 교포 및 외국인	$600(해외/입국장면세점 구매 포함, 술·담배·향수 미포함)

* 입국 시 면세구입물품과 해외구입물품 총액이 1인당 $600 이하는 신고하지 않아도 되지만 $600를 초과할 경우에는 세관신고 시 세금을 자진 납부해야만 하며 미신고 시 과태료 범칙금을 추가 부담해야만 한다.
* 기본 면세범위($600)와 관계없이 면제가 되는 품목 – 주류 1L 이하로서 미화 $400 이하 1병, 담배(궐련) 200개비, 향수 60㎖ 1병

연습해봅시다 – 정답

제**3**장 상황별 고객응대

3.1 고객맞이 및 배웅하기 p.36

1. 안녕하세요!(아침/점심/저녁인사)
   你好! (早上好/中午好/晚上好)
   Nǐ hǎo! (zǎoshàng hǎo/zhōngwǔ hǎo/wǎnshàng hǎo)

2. 어서 오세요.
   欢迎光临。
   Huānyíng guānglín.

3. ○○○면세점입니다.
   这里是○○○免税店。
   Zhèli shì ooo miǎnshuìdiàn.

4. 영업시간은 오전 9시 반부터 저녁 9시까지입니다.
   营业时间是从上午9点半到晚上九点。
   Yíngyè shíjiān shì cóng shàngwǔ jiǔdiǎnbàn dào wǎnshang jiǔdiǎn.

5. 면세점은 연중무휴입니다.
   免税店全年无休。
   Miǎnshuìdiàn quánnián wúxiū.

6. 천천히 구경하세요.
   请慢慢看。
   Qǐng mànman kàn.

7. 필요하시면 언제든지 불러주세요.
   有任何需要, 可以随时叫我。
   Yǒu rènhé xūyào, kěyǐ suíshí jiào wǒ.

8. 죄송합니다만, 오늘 영업은 끝났습니다.
   对不起。今天的营业时间已经结束了。
   Duìbuqǐ. jīntiān de yíngyè shíjiān yǐjīng jiéshù le.

3.2 고객의 니즈 파악하기 p.41

1. ○○○코너입니다.
   这里是○○○专柜。
   Zhèlǐ shì ○○○ zhuānguì.

2. 고객님, 무엇을 찾으십니까?
   客人，您需要什么？
   Kèrén, nín xūyào shénme?

3. 본인 건가요? 아니면 선물인가요?
   是您自己用？还是要送人？
   Shì nín zìjǐ yòng? háishì yào sòngrén?

4. 여자분입니까? 아니면 남자분입니까?
   是女士还是男士？
   Shì nǚshì háishì nánshì?

5. 잠시 기다려주십시오. 바로 도와드리겠습니다.
   请稍等，马上为您服务。
   Qǐng shāoděng, wèi nín fúwù.

6. 고객님, 오래 기다리셨습니다.
   客人，让您久等了。
   Kèrén, ràng nín jiǔděng le.

7. 실례지만, 선물 받으실 분의 연령은 어떻게 되십니까?
   不好意思，可以问一下您要送礼的对方年龄吗？
   Bùhǎoyìsi, kěyǐ wènyíxià duìfāng de niánlíng ma?

8. 실례지만, 선물 받으실 분의 성별은 어떻게 되십니까?
   不好意思，可以问一下您要送礼的对方性别吗？
   Bùhǎoyìsi, kěyǐ wènyíxià duìfāng de xìngbié ma?

3.3 판매관련 용어 p.50

1. 이것은 어떠신가요?
   您看这个怎么样？
   Nín kàn zhège zěnmeyàng?

2. 착용해보시겠습니까?
要不要试一下?
Yàobuyào shì yíxià?

3. 사이즈는 얼마입니까?
您要多大号儿的?
Nín yào duōdà hàor de?

4. 사이즈 조절은 가능합니다.
大小可以调整。
Dàxiǎo kěyǐ tiáozhěng.

5. 이쪽으로 오세요. 더 많은 상품을 보여드리겠습니다.
这边请，我来给您介绍更多的产品。
Zhèbiān qǐng, wǒ lái gěi nín jièshao gèng duō de chǎnpǐn.

6. 공교롭게도 찾으시는 물건은 품절입니다.
真不巧，您找的商品断货了。
Zhēnbùqiǎo, nín zhǎo de shāngpǐn duànhuò le.

7. 이 상품은 남녀공용입니다.
这个商品男女通用。
Zhège shāngpǐn nán nǚ tōngyòng.

8. 이 상품은 고객님에게 잘 어울리십니다.
这一款很适合您。
Zhè yì kuǎn hěn shìhé nín.

3.4 가격 및 할인관련 용어   p.59

1. 면세점에서는 정가로 판매하고 있습니다.
免税店按标价销售。
Miǎnshuìdiàn shì àn biāojià xiāoshòu.

2. 가격은 달러로 적혀 있습니다.
商品标注的是美元价格。
Shāngpǐn biāozhù de shì měiyuán jiàgé.

3. 오늘 환율로 ~원/엔/위안입니다.
按今天的汇率 ~韩币/日元/人民币。
Àn jīntiān de huìlǜ ~hánbì/rìyuán/rénmínbì.

4. 신상품은 세일 제외상품입니다.
新商品不打折。
Xīn shāngpǐn bù dǎzhé.

5. 이 상품은 20% 할인하고 있습니다.

这个商品正在打8折。

Zhège shāngpǐn zhèngzài dǎ bāzhé.

6. 멤버십카드를 소지하고 계시면 10% 할인해드립니다.

有会员卡可以打9折。

Yǒu huìyuánkǎ kěyǐ dǎ jiǔzhé.

7. 이 상품은 할인된 가격입니다.

这个是打折后的价格。

Zhège shì dǎzhé hòu de jiàgé.

8. 단품보다 세트 상품이 더 저렴합니다.

套装商品比单品更便宜。

Tàozhuāng shāngpǐn bǐ dānpǐn gèng piányi.

3.5 A/S 안내 p.65

1. 이것은 보증서입니다.

这是保证书。

Zhè shì bǎozhèngshū.

2. A/S를 받으실 때에는 반드시 보증서가 필요합니다.

申请售后服务，必须要携带保证书。

Shēnqǐng shòuhòufúwù, bìxū yào xiédài bǎozhèngshū.

3. 보증서가 없으면 A/S가 불가능하므로 주의하시기 바랍니다.

没有保证书，不能受理售后服务，请注意保管。

Méiyǒu bǎozhèngshū, bùnéng shòulǐ shòuhòufúwù, qǐng zhùyì bǎoguǎn.

4. 보증기간은 1년간입니다.

产品保修期为一年。

Chǎnpǐn bǎoxiūqī wéi yìnián.

5. A/S를 받으실 때에는 저희 면세점으로 와 주십시오.

出现问题，请到我们免税店。

Chūxiàn wèntí, qǐng dào wǒmen miǎnshuìdiàn.

6. 방문이 어려우실 경우에는 저희 면세점으로 물건을 보내주시면 됩니다.

如果不方便来，请将商品邮寄到我们免税店。

Rúguǒ bù fāngbiàn lái, qǐng jiāng shāngpǐn yóujì dào wǒmen miǎnshuìdiàn.

7. 이 상품은 일본/중국에서도 A/S를 받으실 수 있습니다.
   这个商品可以在日本/中国申请售后服务。
   Zhège shāngpǐn kěyǐ zài rìběn/zhōngguó shēnqǐng shòuhòufúwù.

3.6 결제 및 교환권 작성 안내 p.77

1. 계산은 이쪽에서 부탁드리겠습니다.
   结帐请到这边。
   Jiézhàng qǐngdào zhèbiān.

2. 개인이십니까? 단체로 오셨습니까?
   您是个人? 还是团队?
   Nín shì gèrén? háishì tuánduì?

3. 쇼핑카드를 봐도 괜찮으시겠습니까?
   可以看一下购物卡吗?
   Kěyǐ kàn yíxià gòuwùkǎ ma?

4. 면세품을 구매하실 때에는 여권과 항공권이 필요합니다.
   购买免税品，需要护照和机票。
   Gòumǎi miǎnshuìpǐn, xūyào hùzhào hé jīpiào.

5. 여권 부탁드립니다.
   请出示您的护照。
   Qǐng chūshì nín de hùzhào.

6. 출발은 언제입니까?
   什么时候的飞机?
   Shénme shíhòu de fēijī?

7. 출발시간과 비행기 편명을 말씀해 주십시오.
   请告诉一下出发时间和航班号。
   Qǐng gàosù yíxià chūfā shíjiān hé hángbānhào.

8. 이쪽에 사인(sign) 부탁드립니다.
   请在这里签字。
   Qǐng zài zhèlǐ qiānzì.

3.7 교환 및 반품 안내
p.92

1. 교환 또는 반품을 원하실 때에는 반드시 영수증을 지참하셔야만 합니다.
   退换商品时，必须要带上发票。
   Tuìhuàn shāngpǐn shí, bìxū yào dàishang fāpiào.

2. 상품을 개봉 또는 사용한 후에는 상품교환이나 환불은 불가능합니다.
   拆封或使用后的商品，不可以退换。
   Chāifēng huò shǐyòng hòu de shāngpǐn, bùkěyǐ tuìhuàn.

3. 영수증을 확인하겠습니다.
   确认一下您的收据。
   Quèrèn yíxià nín de shōujù.

4. 구매하신 상품이 마음에 안 드신 경우에는 환불해드립니다.
   如果对已购商品不满意，可办理退货。
   Rúguǒ duì yǐ gòu shāngpǐn bù mǎnyì, kě bànlǐ tuìhuò.

5. 이것은 불량이므로 새 상품으로 바꿔드립니다.
   这个有残次，给您换新商品。
   Zhège yǒu cáncì, gěi nín huàn xīnshāngpǐn.

6. 동일한 것으로 색상이 다른 상품으로 하시겠습니까?
   同款商品有不同颜色的，可以吗?
   Tóng kuǎn shāngpǐn yǒu bùtóng yánsè de, kěyǐ ma?

7. 번거롭게 해드려 죄송합니다.
   不好意思，给您添麻烦了。
   Bùhǎoyìsi, gěi nín tiān máfan le.

8. 교환과 환불은 계산하신 카운터에서만 가능합니다.
   退换商品只能在结帐柜台办理。
   Tuìhuàn shāngpǐn zhǐnéng zài jiézhàng guìtái bànlǐ.

3.8 매장 및 장소 관련 안내
p.98

1. 환전소는 입구 오른쪽에 있습니다.
   外币兑换处在门口右边。
   Wàibì duìhuànchù zài ménkǒu yòubiān.

2. 고객 휴게실은 왼쪽으로 돌아가시면 바로 있습니다.
   左转就是顾客休息室。
   Zuǒ zhuǎn jiùshì gùkè xiūxishì.

3. 인천공항의 인도장은 3층 28번 게이트 옆에 있습니다.
   仁川机场提货处在3楼的28号登机口旁边。
   Rénchuānjīchǎng tíhuòchù zài sānlóu de èrshí bā hào dēngjīkǒu pángbiān.

4. 화장실은 여기서 좌측으로 곧장 가시면 바로 있습니다.
   左转直走就是洗手间。
   Zuǒzhuǎn zhízǒu jiùshì xǐshǒujiān.

5. 면세점 VIP카드는 안내데스크에서 발급해드립니다.
   免税店的VIP卡，可以在咨询服务台办理。
   Miǎnshuìdiàn de VIP kǎ, kěyǐ zài zīxún fúwùtái bànlǐ.

6. 안내데스크는 엘리베이터 앞에 있습니다.
   咨询服务台在电梯口前面。
   Zīxún fúwùtái zài diàntīkǒu qiánmiàn.

제**4**장 장소별 고객응대

4.1 화장품 및 향수 코너-화장품　　　　　　　　　　　　　p.115

1. 어느 분이 사용하실 제품을 찾으십니까?
   找哪位要使用的产品?
   Zhǎo nǎ wèi yào shǐyòng de chǎnpǐn?

2. 죄송합니다만, 사용하실 분의 나이가 어떻게 되십니까?
   不好意思，可以问一下使用者的年龄吗?
   Bùhǎoyìsi, kěyǐ wèn yíxià shǐyòngzhě de niánlíng ma?

3. 테스트해 드릴까요?
   要试一下吗?
   Yào shì yíxià ma?

4. 피부 타입은 무엇인가요?
   是什么类型皮肤?
   Shì shénme lèixíng pífū?

5. 피부 타입에는 지성, 중성, 건성, 민감성이 있습니다.
   皮肤类型分油性，中性，干性，敏感性。
   Pífū lèixíng fēn yóuxìng, zhōngxìng, gānxìng, mǐngǎnxìng.

6. 기미와 주근깨에 효과가 있는 미백기능 화장품입니다.

有效祛**黄褐斑**, 雀斑的美白功能化妆品。

Yǒuxiào qū huánghèbān, quèbān de měibái gōngnéng huàzhuāngpǐn.

7. 이 화장품은 피부에 탄력을 주는 리프팅(lifting) 효과가 있습니다.

这个化妆品具有促进皮肤再生功能。

Zhège huàzhuāngpǐn jùyǒu cùjìn pífu zàishēng gōngnéng.

8. 이 화장품은 피부를 재생시켜주는 효과가 함유되어 있습니다.

这个化妆品具有皮肤再生功效。

Zhège huàzhuāngpǐn jùyǒu pífū zàishēng gōngxiào.

4.2 화장품 및 향수 코너-향수   p.125

1. 이 향수는 특히 젊은 분이 좋아하는 향입니다.

这个香水的香味年**轻**人特**别**喜欢。

Zhège xiāngshuǐ de xiāngwèi niánqīngrén tèbié xǐhuan.

2. 이 향수는 30ml, 50ml, 100ml 3종류가 있습니다.

这个香水有30毫升, 50毫升和100毫升3种。

Zhège xiāngshuǐ yǒu sānshí háoshēng, wǔshí háoshēng hé yìbǎi háoshēngsānzhǒng.

3. 이것보다 더 큰/작은 사이즈도 있습니다.

还有比这个更大的/更小的。

Hái yǒu bǐ zhège gèng dà de/gèng xiǎo de.

4. 향수를 2병 이상 사시면 10% 할인해드립니다.

购买两瓶以上香水, 打九折。

Gòumǎi liǎng píng yǐshàng xiāngshuǐ, dǎ jiǔ zhé.

5. 이 향수는 (달콤한/시원한/진한/옅은/여름에 어울리는/겨울에 어울리는) 향입니다.

这是(甜香型/清爽型/浓香型/淡香型//适合夏天的/适合冬天的)香水。

Zhè shì (tiánxiāng xíng/qīngshuǎng xíng/nóngxiāng xíng/dànxiāng xíng/shìhé xiàtiān de/shìhé dōngtiān de) xiāngshuǐ.

6. 이 향수는 다른 향수보다 향이 오래 지속됩니다.

这个香水的香味比其它香水更持久。

Zhège xiāngshuǐ de xiāngwèi bǐ qítā xiāngshuǐ gèng chíjiǔ.

7. 이 상품은 여성용/남성용 향수입니다.

这个是女士/男士香水。

Zhège shì nǚshì/nánshì xiāngshuǐ.

8. 향수는 보디클렌징(body cleansing)과 보디로션(body lotion)을 함께 쓰면 향이 오래 지속됩니다.

香水和沐浴露, 润肤露一起使用, 留香时间会更长。

Xiāngshuǐ hé mùyùlù, rùnfūlù yìqǐ shǐyòng, liúxiāng shíjiān huì gèng cháng.

9. 향수를 사용하신 후에는 병 뚜껑을 꼭 닫아 주세요.
   用完香水后, 请盖好瓶盖。
   Yòngwán xiāngshuǐ hòu, qǐng gài hǎo pínggài.

4.3 부티크 코너-가방 및 지갑 p.136

1. 이 가방은 S, M, L 3종류의 사이즈가 있습니다.
   这款包大小有S(小号), M(中号), L(大号)三种。
   Zhèkuǎn bāo dàxiǎo yǒu S(xiǎohào), M(zhōnghào), L(dàhào) sān zhǒng.

2. 이 상품은 양가죽이기 때문에 부드럽고 가볍지만 스크래치가 나기 쉽습니다.
   这款是羊皮包, 柔软而且轻, 不过容易出现划痕。
   Zhèkuǎn shì yángpíbāo, róuruǎn érqiě qīng, búguò róngyì chūxiàn huáhén.

3. 가죽에는 소가죽, 양가죽, 돼지가죽, 뱀가죽, 악어가죽, 타조가죽 등이 있습니다.
   皮的种类有牛皮, 羊皮, 猪皮, 蛇皮, 鳄鱼皮, 鸵鸟皮等。
   Pí de zhǒnglèi yǒu niúpí, yángpí, zhūpí, shépí, èyúpí, tuóniǎopí děng.

4. 이 가방은 끈 조절이 가능합니다.
   这款包可以调整长度。
   Zhèkuǎn bāo kěyǐ tiáozhěng chángdù.

5. 이 가방은 가죽이 아니라 천으로 만들어졌기 때문에 가볍고 들기 편합니다.
   这款包不是皮质而是布料, 所以轻易携带。
   Zhèkuǎn bāo búshì pízhì ěrshì bùliào, suǒyǐ qīng yì xiédài.

6. 이 가방은 계절에 상관없이 사용할 수 있어서 실용적입니다.
   这款包不受季节影响, 所以非常实用。
   Zhèkuǎn bāo bú shòu jìjié yǐngxiǎng, suǒyǐ fēicháng shíyòng.

7. 이 가방은 유행에 그다지 좌우되지 않습니다.
   这款包不易过时。
   Zhèkuǎn bāo bú yì guòshí.

8. 루이비통(Louis Vuitton) 가방은 프랑스제로 세계적으로도 유명한 브랜드입니다.
   路易威登(LV)是法国品牌, 而且是全世界有名的品牌。
   Lùyìwēidēng(LV) shì fǎguó pǐnpái, érqiě shì quán shìjiè yǒumíng de pǐnpái.

9. 지갑의 종류에는 장지갑, 반지갑, 동전지갑 등이 있습니다.
   钱包的种类有长款包, 短款包, 硬币包等。
   Qiánbāo de zhǒnglèi yǒu chángkuǎnbāo, duǎnkuǎnbāo, yìngbìbāo děng.

4.4 부티크 코너-구두 p.145

1. 구두 사이즈는 얼마입니까?
   您穿多大号儿的鞋?
   Nín chuān duōdà hàor de xié?

2. 양쪽 모두 신어보시겠습니까?
   要不要两边都穿上试试?
   Yào bú yào liǎngbiān dōu chuānshàng shìshi?

3. 착화감은 어떠십니까?
   合脚吗?
   Hé jiǎo ma?

4. 소가죽 제품이라 신으면 가죽이 늘어납니다.
   因为是牛皮产品, 所以穿上后皮会变松。
   Yīnwèi shì niúpí chǎnpǐn, suǒyǐ chuānshàng hòu pí huì biàn sōng.

5. 구두는 A/S가 안 됩니다.
   皮鞋没有售后服务。
   Píxié méiyǒu shòuhòu fúwù.

6. 다시 한번 걸어보세요.
   再穿上走一走看看。
   Zài chuānshàng zǒuyizǒu kànkan.

7. 이 디자인이 고객님에게 잘 어울립니다.
   这个款式很适合您。
   Zhège kuǎnshì hěn shìhé nín.

8. 사이즈는 브랜드마다 약간 다릅니다.
   鞋的尺码, 各种品牌都会有点差异。
   Xié de chǐmǎ, gèzhǒng pǐnpái dōu huì yǒudiǎn chāyì.

4.5 부티크 코너-벨트 p.153

1. 면세점에서는 사이즈 조절이 불가능합니다.
   在免税店不能调整长度。
   Zài miǎnshuìdiàn bùnéng tiáozhěng chángdù.

2. 이 벨트는 리버시블(reversible: 양면 겸용)입니다.
   这个是双面皮带。
   Zhège shì shuāngmiàn pídài.

3. 벨트의 버클과 가죽만은 구매할 수 없습니다.
   不可以单独购买皮带的扣头和皮子。
   Bù kěyǐ dāndú gòumǎi pídài de kòutóu hé pízi.

4. 이 버클은 18K/은/백금 도금입니다.
   这个扣头是18k/银/白金镀金。
   Zhège kòutóu shì 18k/yín/báijīn dùjīn.

5. 이 벨트는 정장에 잘 어울립니다.
   这个皮带很适合正装。
   Zhège pídài hěn shìhé zhèngzhuāng.

6. 이것은 캐주얼한 복장에 잘 어울리는 벨트입니다.
   这个是适合休闲装的皮带。
   Zhège shì shìhé xiūxiánzhuāng de pídài.

7. 이 벨트는 어떤 복장에도 잘 어울립니다.
   这个皮带适合任何着装。
   Zhège pídài shìhé rènhé zhuózhuāng.

4.6 부티크 코너-의류 p.163

1. 선물 받으실 분의 연령/체격은 어느 정도입니까?
   问一下要送礼对方的年龄/身材?
   Wèn yíxià yào sònglǐ duìfāng de niánlíng/shēncái?

2. 브랜드마다 표시가 다릅니다.
   各个品牌的标示都不同。
   Gège pǐnpái de biāoshì dōu bùtóng.

3. 이 옷은 물세탁이 가능합니다.
   这件衣服可以水洗。
   Zhè jiàn yīfu kěyǐ shuǐxǐ.

4. 티셔츠는 입어보실 수 없습니다.
   体恤衫不能试穿。
   Tǐxùshān bù néng shì chuān.

5. 이 블라우스는 100% 실크입니다.
   这件罩衫是100%真丝。
   Zhè jiàn zhàoshān shì bǎifēnzhībǎi zhēnsī.

6. 이 바지의 소재는 면입니다.
   这条是纯棉面料裤子。
   Zhè tiáo shì chúnmián miànliào kùzi.

7. 이 스웨터의 소재는 캐시미어(cashmere)입니다.
   这件是羊绒面料毛衫。
   Zhè jiàn shì yángróng miànliào máoshān.

8. 이 셔츠에는 이 색상/모양/디자인이 어울린다고 생각합니다.
   这件衬衫适合配这个颜色/图案/设计。
   Zhè jiàn chènshān shìhé pèi zhège yánsè/tú'àn/shèjì.

4.7 부티크 코너-넥타이 p.175

1. 특별히 찾으시는 브랜드는 있으신지요?
   有想好的品牌吗?
   Yǒu xiǎnghǎo de pǐnpái ma?

2. 넥타이는 100% 실크입니다.
   领带是100%的真丝。
   Lǐngdài shì bǎifēnzhībǎi de zhēnsī.

3. 특별히 좋아하시는 색상이 있으세요?
   有特别喜欢的颜色吗?
   Yǒu tèbié xǐhuan de yánsè ma?

4. 이 상품은 디자인이 세련된 넥타이입니다.
   这条领带设计很时尚。
   Zhè tiáo lǐngdài shèjì hěn shíshàng.

5. 이 넥타이는 파란색 와이셔츠와 잘 어울립니다.
   这条领带很适合配蓝色衬衫。
   Zhè tiáo lǐngdài hěn shìhé pèi lán chènshān.

6. 넥타이의 소재는 거의 실크이며 울 또는 면도 있습니다.
   领带面料大部分是真丝, 还有部分羊毛和棉。
   Lǐngdài miànliào dàbùfen shì zhēnsī, hái yǒu bùfen yángmáo hé mián.

7. 이 넥타이는 계절에 상관없이 맬 수 있는 소재입니다.
   这条领带不分季节, 四季都可以带。
   Zhè tiáo lǐngdài bùfēn jìjié, sìjì dōu kěyǐ dài.

4.8 부티크 코너-스카프
p.181

1. 이 상품은 여성스러운 느낌의 스카프입니다.

   这条围巾显得富有女人味。

   Zhè tiáo wéijīn xiǎn de fù yǒu nǚrénwèi.

2. 이 스카프는 100% 실크입니다.

   这条围巾是100%真丝。

   Zhè tiáo wéijīn shì bǎifēnzhībǎi zhēnsi.

3. 그 머플러는 100% 캐시미어입니다.

   那条围脖是100%纯羊绒。

   Nà tiáo wéibó shì bǎifēnzhībǎi chún yángróng.

4. 실크 제품이기 때문에 반드시 드라이클리닝을 하셔야만 합니다.

   因为是真丝产品，所以一定要干洗。

   Yīnwèi shì zhēnsī chǎnpǐn, suǒyǐ yídìng yào gānxǐ.

5. 이것은 직사각형의 긴 숄이고, 그것은 정사각형의 숄입니다.

   这个是长方形的长披肩，那个是正方形的披肩。

   Zhège shì chángfāngxíng de cháng pījiān, nàge shì zhèngfāngxíng de pījiān.

6. 이 숄은 100% 울이며 3가지 색상이 있습니다.

   这个披肩100%羊毛，有三种颜色。

   Zhège pījiān bǎifēnzhībǎi yángmáo, yǒu sānzhǒng yánsè.

7. 피부가 밝은 분에게는 밝은 계통이 잘 어울립니다.

   肤色白的人适合亮色系列。

   Fūsè bái de rén shìhé liàngsè xìliè.

4.9 부티크 코너-액세서리
p.187

1. 액세서리 제품은 쉽게 변색되지 않습니다만, 물에 닿지 않도록 주의해주십시오.

   首饰品不易褪色，不过要小心沾到水。

   Shǒushìpǐn bú yì tuìsè, búguò yào xiǎoxīn zhāndào shuǐ.

2. 이 상품은 도금 처리했기 때문에 땀에 의해 변색될 수도 있습니다.

   该商品做了镀金处理，所以可能会因汗水发生变色。

   Gāi shāngpǐn zuò le dùjīn chùlǐ, suǒyǐ kěnéng huì yīn hànshuǐ fāshēng biànsè.

3. 금속 알레르기가 있으세요?

   有金属过敏吗?

   Yǒu jīnshǔ guòmǐn ma?

4. 이 제품의 재질은 실버입니다.
这个是银质产品。
Zhège shì yínzhì chǎnpǐn.

5. 이 목걸이는 금도금입니다.
这个项链是黄金镀金产品。
Zhège xiàngliàn shì huángjīn dùjīn chǎnpǐn.

6. 이 귀걸이는 플래티늄도금입니다.
这个耳环是白金镀金产品。
Zhège ěrhuán shì báijīn dùjīn chǎnpǐn.

7. 이 제품은 다이아몬드가 아니라 큐빅입니다.
这款不是钻石，是人造宝石。
Zhè kuǎn búshì zuànshí, shì rén zào bǎoshí.

8. 체인과 펜던트는 따로따로 판매하지 않습니다.
项链的链条和链坠不单独销售。
Xiàngliàn de liàntiáo hé liànzhuì bù dāndú xiāoshòu.

4.10 귀금속 코너-보석 및 자수정   p.195

1. 목걸이와 세트로 반지도 있습니다.
项链还有配套的戒指。
Xiàngliàn háiyǒu pèitào de jièzhǐ.

2. 이 목걸이에 어울리는 반지/귀걸이도 있습니다.
还有适合配这个项链的戒指/耳环。
Háiyǒu shìhé pèi zhège xiàngliàn de jièzhǐ/ěrhuán.

3. 반지 사이즈는 몇 호입니까?
戒指多大号儿?
Jièzhǐ duōdà hàor?

4. 이 반지를 끼워보시겠습니까?
您要试一下这个戒指吗?
Nín yào shì yíxià zhège jièzhǐ ma?

5. 이 다이아몬드는 커팅이 잘 된 상품입니다.
这个钻石切工做得非常好。
Zhège zuànshí qiēgōng zuò de fēicháng hǎo.

6. 자수정은 평화를 상징하는 보석입니다.
   紫水晶是象征和平的宝石。
   Zǐshuǐjīng shì xiàngzhēng hépíng de bǎoshí.

7. 죄송합니다만, 몇 월생이십니까?
   问一下，几月份出生？
   Wèn yíxià, jǐ yuè fèn chūshēng?

8. 이것은 품질보증서입니다.
   这个是品质保证书。
   Zhège shì pǐnzhì bǎozhèngshū.

4.11 귀금속 코너-시계   p.205

1. 이 상품은 오토매틱(자동) 시계/쿼츠(배터리) 시계입니다.
   这个是全自动机械表/石英表。
   Zhège shì quánzìdòng jīxièbiǎo/shíyīngbiǎo.

2. 이 시계는 200미터까지 방수가 가능합니다. 수영할 때 착용해도 괜찮습니다.
   这款表防水200米，游泳时也可以佩戴。
   Zhè kuǎn biǎo fángshuǐ èrbǎi mǐ, yóuyǒng shí yě kěyǐ pèidài.

3. 이 시계는 100미터 생활방수만 가능합니다. 물에 닿지 않도록 주의해 주십시오.
   这款表只能生活防水100米。小心沾到水。
   Zhè kuǎn biǎo zhǐnéng shēnghuó fángshuǐ yìbǎi mǐ. xiǎoxīn zhān dào shuǐ.

4. 이 시계의 보증기간은 1년입니다.
   这款手表的保修期是一年。
   Zhè kuǎn shǒubiǎo de bǎoxiūqī shì yìnián.

5. 변색과 변형을 방지하기 위해서는 반드시 습기와 물을 피해 주십시오.
   要想防止变色和变形，一定要远离潮气和水。
   Yào xiǎng fángzhǐ biànsè hé biànxíng, yídìng yào yuǎnlí cháoqì hé shuǐ.

6. 이 시계는 태엽을 감아서 시간과 날짜를 맞춥니다.
   这款表通过上弦调时间和日期。
   Zhè kuǎn biǎo tōngguò shàngxián tiáo shíjiān hé rìqī.

7. 이 시계는 충격에 약하기 때문에 바닥에 떨어뜨리지 않도록 주의해 주십시오.
   这款表惧怕冲击，小心不要掉在地上。
   Zhè kuǎn biǎo jùpà chōngjī, xiǎoxīn búyào diào zài dìshang.

8. 이쪽은 여성용 시계이고, 저쪽은 남성용 시계입니다.

这边是女士手表, 那边是男士手表。

Zhèbiān shì nǚshì shǒubiǎo, nàbiān shì nánshì shǒubiǎo.

4.12 귀금속 코너-선글라스   p.215

1. 고객님에게는 세련된 디자인이 잘 어울리는 것 같습니다.

我看客人您很适合戴这种时尚款。

Wǒ kàn kèrén nín hěn shìhé dài zhèzhǒng shíshàng kuǎn.

2. 선글라스는 등산, 낚시, 수영, 해변 등에서 다양하게 사용됩니다.

登山, 钓鱼, 游泳, 海边游玩, 都会用上太阳镜。

Dēngshān, diàoyú, yóuyǒng, hǎibiān yóu wán, dōu huì yòngshang tàiyángjìng.

3. 어떤 형태의 선글라스를 찾으십니까? 예를 들어 라운드, 사각, 크거나 작은 것 중 어떤 테를 원하십니까?

您找什么样式的太阳镜? 例如镜框喜欢圆的还是四角的? 大的还是小的?

Nín zhǎo shénme yàngshì de tàiyángjìng? lìrú jìngkuàng xǐhuan yuán de háishì sìjiǎo de? Dà de háishì xiǎode?

4. 100% 자외선이 차단됩니다.

100%防紫外线。

Bǎifēnzhībǎi fáng zǐwàixiàn.

5. 요즘은 테가 큰 선글라스가 유행입니다.

最近流行镜框比较大的太阳镜。

Zuìjìn liúxíng jìngkuàng bǐjiào dà de tàiyángjìng.

6. 테의 색상은 검정색과 브라운이 무난합니다.

镜框颜色黑色和棕色最耐看。

Jìngkuàng yánsè hēisè hé zōngsè zuì nàikàn.

7. 선글라스의 종류는 크게 메탈, 플라스틱, 무테로 나뉩니다.

太阳镜的种类大体上分为金属, 塑料和无边型。

Tàiyángjìng de zhǒnglèi dàtǐshàng fēnwéi jīnshǔ, sùliào hé wúbiānxíng.

4.13 토산품 코너-인삼   p.222

1. 인삼 상품의 종류에는 크게 엑기스, 차, 분말, 캡슐, 사탕 타입이 있습니다.

人参产品种类大体分为浓缩液, 茶, 粉末, 胶囊和糖。

Rénshēn chǎnpǐn zhǒnglèi dàtǐ fēnwéi nóngsuōyè, chá, fěnmò, jiāonáng hé táng.

2. 인삼차는 간단한 선물로도 좋습니다.

送礼送人参茶也不错。

Sònglǐ sòng rénshēn chá yě búcuò.

3. 엑기스는 효능이 매우 좋습니다.
   浓缩液的效果非常好。
   Nóngsuōyè de xiàoguǒ fēicháng hǎo.

4. 엑기스는 하루에 2~3회 정도 따뜻한 물에 타서 드세요.
   浓缩液每天用温水冲服2~3次。
   Nóngsuōyè měitiān yòng wēnshuǐ chōngfú liǎng~sān cì.

5. 꿀을 넣어 마시면 더욱 효과적입니다.
   加蜂蜜饮用效果更佳。
   Jiā fēngmì yǐnyòng xiàoguǒ gèng jiā.

6. 캡슐은 가장 간편하게 먹을 수 있는 타입입니다.
   胶囊是服用起来最方便的产品。
   Jiāonáng shì fúyòng qǐlái zuì fāngbiàn de chǎnpǐn.

7. 분말은 차처럼 타서 마시는 제품입니다.
   粉末是像泡茶一样，泡着喝的产品。
   Fěnmò shì xiàng pàochá yíyàng, pào zhe hē de chǎnpǐn.

8. 인삼주는 6년 근으로 만들었으며 몸에 아주 좋습니다.
   人参酒使用的是六年产人参，有保健功效。
   Rénshēnjiǔ shǐyòng de shì liùnián chǎn rénshēn, yǒu bǎojiàn gōngxiào.

4.14 토산품 코너–식품 p.228

1. 이 상품은 한국의 전통적인 음식입니다.
   这是韩国的传统食品。
   Zhè shì hánguó de chuántǒng shípǐn.

2. 김치는 한국을 대표하는 전통적인 식품입니다.
   辛奇是代表韩国的传统食品。
   Xīnqí shì dàibiǎo hánguó de chuántǒng shípǐn.

3. 김치는 배추김치와 총각김치, 깍두기, 동치미, 파김치가 있습니다.
   辛奇种类有辣白菜，嫩萝卜，萝卜块，盐水萝卜和葱辛奇。
   Xīnqí zhǒnglèi yǒu là báicài, nèn luóbo, luóbo kuài, yánshuǐ luóbo hé cōng xīnqí.

4. 김치는 진공포장을 해서 드리기 때문에 걱정하지 않으셔도 됩니다.
   辛奇会给您做真空包装，所以不用担心。
   Xīnqí huì gěi nín zuò zhēnkōng bāozhuāng, suǒyǐ búyòng dānxīn.

5. 김은 가벼워서 짐도 안 되기 때문에 선물로 인기가 많습니다.
海苔轻，易携带，是很受欢迎的送礼产品。
Hǎitái qīng, yì xiédài, shì hěn shòuhuānyíng de sònglǐ chǎnpǐn.

6. 김은 재래김과 돌김이 있습니다.
海苔有传统海苔和岩海苔。
Hǎitái yǒu chuántǒng hǎitái hé yán hǎitái.

7. 김은 밥과 함께 드셔도 좋고 술안주로도 좋습니다.
海苔既可以和米饭一起吃，还可以当下酒菜。
Hǎitái jì kěyǐ hé mǐfàn yìqǐ chī, hái kěyǐ dāng xiàjiǔ cài.

8. 유통기한은 겉면 아래에 적혀 있습니다.
保质期标注在外包装底部。
Bǎozhìqī biāozhù zài wài bāozhuāng dǐbù.

4.15 담배 및 주류 코너–담배 p.235

1. 이것은 이번에 새로 나온 담배입니다.
这是最近新出的香烟。
Zhè shì zuìjìn xīnchū de xiāngyān.

2. 이것은 한국인/일본인/중국인이 가장 좋아하는 담배입니다.
这个是韩国人/日本人/中国人最喜欢的香烟。
Zhège shì hánguórén/rìběnrén/zhōngguórén zuì xǐhuan de xiāngyān.

3. 한국에서는 1인당 1보루까지 면세입니다.
在韩国香烟类每人只限一条免税。
Zài hánguó xiāngyān lèi měirén zhǐxiàn yìtiáo miǎnshuì.

4. 그것보다 이것이 더 독한/약한 담배입니다.
这个香烟比那个香烟更浓/更淡。
Zhège xiāngyān bǐ nàge xiāngyān gèng nóng/gèng dàn.

5. 여성 고객이 좋아하는 담배입니다.
女姓顾客喜欢的香烟。
Nǚxìng gùkè xǐhuan de xiāngyān.

6. 일반적인 두께의 담배입니다.
普通粗细的香烟。
Pǔtōng cū xì de xiāngyān.

7. 공항에서는 라이터를 판매하지 않습니다.

机场里面不卖打火机。

Jīchǎng lǐmiàn bú mài dǎhuǒjī.

8. 중국에 입국할 때에는 2보루에 한해 면세입니다.

入境中国时，限两条香烟免税。

Rùjìng zhōngguó shí, xiàn liǎng tiáo xiāngyān miǎnshuì.

4.16 담배 및 주류 코너-주류

p.245

1. 이것은 스코틀랜드 스카치 위스키입니다.

这个是苏格兰威士忌酒。

Zhège shì sūgélán wēishìjì jiǔ.

2. 용량은 500ml, 700ml, 1L가 있습니다.

容量有500毫升，700毫升，1000毫升。

Róngliàng yǒu wǔbǎi háoshēng, qībǎi háoshēng, yìqiān háoshēng.

3. 술은 12년/17년/30년산이 있습니다.

酒有12年/17年/30年产。

Jiǔ yǒu shí'èr nián/shíqī nián/sānshí nián chǎn.

4. 이 술은 한정판입니다.

这个酒是限量版。

Zhège jiǔ shì xiànliàngbǎn.

5. 술은 오래 숙성시키면 시킬수록 맛과 향이 더욱 좋습니다.

酒发酵时间越长，其味道和酒香越浓。

Jiǔ fājiào shíjiān yuè cháng, qí wèidao hé jiǔ xiāng yuè nóng.

6. 이 와인은 상큼하고 청량감이 뛰어납니다.

这个葡萄酒爽口，清凉感也非常好。

Zhège pútáojiǔ shuǎngkǒu, qīngliánggǎn yě fēicháng hǎo.

7. 술은 1인당 1병까지 면세입니다.

酒类每人只限一瓶免税。

Jiǔlèi měi rén zhǐ xiàn yì píng miǎnshuì.

8. 드시기 전에 반드시 흔들어주세요.

饮用前请务必摇晃一下。

Yǐnyòng qián qǐng wùbì yáohuàng yíxià.

참고문헌

이은주 · 이은숙 공저(2018), 『(현장에서 바로 쓰는) 면세점 실무 일본어』, 시사일본어사.

이은주(2018), 『(한 권으로 마스터하는) 면세점 실무』, 백산출판사.

http://www.sisunnews.co.kr/news/articleView.html?idxno=40319

- 국가별 휴대품 통관정보

  1) 관세청(www.customs.go.kr)

     메인화면 우측 Quic Menu 하단의 해외통관 지원센터 → 휴대품 통관안내 조회

  2) 한국면세점협회(www.kdfsa.or.kr)

     정보광장 → 정보마당 → [공지] 여행자 휴대품 통관제도

- 면세범위 초과물품의 예상세액 조회

  관세청(www.customs.go.kr)

저자 소개

이은주(李恩珠)
- 동덕여자대학교 일본어학과 졸업
- 건국대학교 교육대학원 일어교육학 석사
- 건국대학교 일본문화·언어학과 문학박사, 일본문화 전공
- 워커힐면세점, 동화면세점, 한국관광공사 김포공항면세점, 인천공항 DFS면세점 근무
- 건국대학교, 세명대학교, 가톨릭관동대학교 등 강의
- 가톨릭관동대학교 초빙교수
- 현) 전주대학교 인문과학종합연구소 학술연구교수

김은주(金銀珠)
- 중국 흑룡강대학교 관광관리학과 졸업
- 건국대학교 일반대학원 일어교육학 석사 수료
- 넷마블, 엔씨소프트, 올엠 등 게임회사에서 중화권 PM 담당
- 해법중국어 학원 강사
- 현) 차이랑중국어 구로디지털캠퍼스 원장

이은숙(李恩淑)
- 대전과학기술대학교 관광과 졸업
- 롯데면세점 본점, 인천공항 롯데면세점 등 30년 근무
- 롯데면세점 직원교육, 직원 및 매장관리, 특강 등
- 현) 롯데면세점 인천공항점 지배인

저자와의
합의하에
인지첩부
생략

면세점 실무 중국어

2019년 3월 30일 초 판 1쇄 발행
2022년 1월 10일 개정판 1쇄 발행

지은이 이은주 · 김은주 · 이은숙
펴낸이 진욱상
펴낸곳 (주)백산출판사
교 정 박시내
본문디자인 오행복
표지디자인 오정은

등 록 2017년 5월 29일 제406-2017-000058호
주 소 경기도 파주시 회동길 370(백산빌딩 3층)
전 화 02-914-1621(代)
팩 스 031-955-9911
이메일 edit@ibaeksan.kr
홈페이지 www.ibaeksan.kr

ISBN 979-11-6567-425-0 13720
값 22,000원